I0174389

NOTICE

SUR LA

CRYPTE ou ÉGLISE SOUTERRAINE

DE

NOTRE-DAME

DE BOULOGNE,

DÉCOUVERTE

SOUS LE CHOEUR DE L'ANCIENNE CATHÉDRALE

DE BOULOGNE.

Quis te ferret perlegeret que, liber ?—

Martial.

Se vend chez le concierge de l'institution
Haffreingue.

BOULOGNE.

IMPRIMERIE DE F. RIRLÉ, RUE DES PIPOTS, N° 36.

1844

Sans doute notre notice aura bientôt, besoin d'être grandement modifiée, car il est à présumer que la Crypte actuelle subira elle-même bien des modifications qui nécessiteront ce changement.

Juillet 1844.

NOTICE

SUR LA CRYPTE NOTRE-DAME.

PREMIÈRE SÉRIE.

On arrive à la crypte Notre-Dame par un escalier de quinze à vingt marches, interrompu vers le milieu et tournant à droite ou à gauche selon qu'on est entré par l'une ou l'autre des deux portes auxquelles il aboutit. Si, à l'endroit même où ses branches se bifurquent, on s'arrête sur l'étroite plate-forme construite entre la moitié supérieure de cet escalier et sa partie inférieure, et si de là on jette les yeux sur la voûte, sans doute on sera étonné de voir suspendu sur sa tête, l'Eternel séparant la lumière d'avec les ténébres, tel qu'on l'a peut-être déjà considéré, à Rome, au Vatican, d'après Raphaël.

Les débris au milieu desquels on passe en entrant sont des bases de colonne, des chapiteaux etc., d'un marbre blanc magnifique, et sculptés avec art selon les styles Dorique et Corinthien. La clef de l'ancien portail nord, jointe à ces débris, ne date que du XVIIe siècle. —

Voilà à peu près tout ce qui reste de la cathédrale de Boulogne renversée en 1796.

ANCIEN TESTAMENT.

Parvenu au bas de l'escalier , vous trouvez à
à gauche un caveau au-dessus de la porte duquel
sont écrits ces mots : *Vetus Testamentum.*
Ancien Testament. C'est là qu'il est bon de pénétrer d'abord, pour procéder par ordre. Les
personnages qui y figurent sont les représentans
de l'Ancien Testament. L'Eternel y plane avec
majesté, et crée le monde ; autour de lui apparaissent le soleil , la terre , la lune et les étoiles.
Sa main semble nous inviter à lire ce premier
verset de la Génèse : *In principio creavit Deus*
cœlum et terram. (*Au commencement Dieu*
créa le ciel et la terre). La cloison qui forme
la porte de ce caveau , ainsi que celle en
regard , sont construites depuis peu.— Sur
les murs (1) :

I.—S. MICHEL, archange , triomphant du
mauvais ange.

---

(1) Les numéros et les noms que nous allons indiquer correspondent à ceux que l'on a tracés dans une bande horizontale
appuyée sur les pilastres.

Quand nous dirons que telle chose est à droite ou à gauche
de tel ou tel personnage , nous entendrons qu'elle y est, non
quant au personnage lui-même , mais quant à la position de
l'observateur.

II.—ADAM, chassé du paradis terrestre.

III.—EVE, dont le bras veut le retenir et le rappeler dans Eden.

IV.—NOÉ, remerciant Dieu, après le déluge, au sortir de l'arche.

V.—ABRAHAM, recevant du Seigneur la promesse d'être le père d'un grand peuple.

VI.—MOÏSE, avec le décalogue.

VII.—AARON, frère de Moïse et grand-prêtre des Hébreux.

VIII.—SAMUEL, le dernier des Juges d'Israël.

IX.—DAVID, roi-prophète.

X.—ESDRAS, armé de son épée et du livre de la loi.

XI.—ISAIE, prophète.

Evidemment tout ceci est neuf comme l'idée qui l'a imaginé; il en sera de même dans toute la première série, où rien n'est antique que les murs seuls. Les voûtes avaient été rompues, en sorte qu'elles sont restaurées presque partout. Nous ne devons nous attendre à voir de vieilles peintures que dans la troisième série.

XII.—Sur la cloison à droite de la porte en sortant : le prophète JÉRÉMIE, pleurant sur les douze tribus d'Israël dont il nous montre les noms écrits près de lui, et dans l'ordre suivant :

I.—RUBEN.	VII.—JOSEPH.
II.—SIMÉON.	VIII.—BENJAMIN.
III.—LÉVI.	IX.—DAN.
IV.—JUDA.	X.—NEPHTALI.
V.—ISSACHAR.	XI.—GAD.
VI.—ZABULON.	XII.—AZER.

XIII.—Le prophète DANIEL fait le pendant de Jérémie. Il annonce les soixante-dix semaines d'années qui précéderont la venue du Sauveur.

En regard des douze tribus d'Israël, nous lisons ce verset tiré des SS. évangiles : *Omnes itaque generationes ab Abraham usque ad David, generationes quartuordecim ; et a David usque ad transmigrationem Babylonis, generationes quatuordecim ; et a transmigratione Babylonis usque ad Christum, generationes quatuordecim. (Il y a donc en tout, depuis Abraham jusqu'à David, quatorze générations ; et depuis David jusqu'à la transmigration des Juifs à Babylone, quatorze générations ; et depuis la transmigration des Juifs à Babylone jusqu'à Jésus-Christ, quatorze générations.)*— Matth. C. I. V. xvII.

XIV.—A droite de cette inscription, sur le même pilastre, l'archange RAPHAEL, envoyé au jeune Tobie.

XV.—Vis-à-vis Raphaël, JUDAS MACCHABÉE, fils du grand-prêtre Mathatias Macchabée. Il est en costume de guerre ; la hache sur l'épaule , le sabre au côté : il marche au combat. —Voilà pour l'Ancien Testament.

Avant de passer au Nouveau , au-dessus de la porte duquel on lit : *Novum Testamentum* , Nouveau Testament, vous voyez, d'un côté :

XVI.—A droite de Judas Macchabée : le prophète ZACHARIE , père de Saint Jean.

XVII.—Ste. ELIZABETH, épouse de Zacharie et parente de la Sainte Vierge.

D'un autre côté :

XVIII.—Ste. ANNE, épouse de S. Joachim et mère de la Sainte Vierge.

XIX.—S. JOACHIM, père de la Sainte Vierge.

Ces deux familles forment une espèce de transition entre la galerie de l'*Ancien Testament* que vous quittez, et celle du *Nouveau* où nous vous introduisons ensuite.

NOUVEAU TESTAMENT (1).

XX.—Sur la cloison à droite en entrant : le St. vieillard SIMÉON , recevant l'enfant Jésus dans ses bras.

XXI. —S. BARNABÉ , apôtre.

XXII.—S. MATHIAS , apôtre.

---

(1) Ici les numéros et [les noms sont écrits sur les bases des fausses statues.

XXIII.—S. THADÉE, apôtre.

XXIV.—S. SIMON, apôtre.

XXV.—BETHLEEM. Petit caveau pratiqué à l'angle du mur, espèce de reposoir où l'on vient méditer sur la naissance du Sauveur.

—Dans le fond : JESUS-CHRIST, couché dans la crèche.

—D'une part, adoration des Rois Mages, avec cette inscription : *Vidimus enim stellam ejus in oriente et venimus adorare eum.* (*Car nous avons vu son étoile en orient, et nous sommes venus l'adorer.*

—D'une autre part, adoration des bergers, avec cette autre inscription : *Invenerunt Mariam et Joseph, et infantem positum in præsepio.* (*Ils trouvèrent Marie, et Joseph, et l'enfant couché dans une étable.*—Voilà l'intérieur de Béthléem.

Quittons le berceau du fils de Dieu, et allons en pélérinage à Nazareth. Chemin faisant, saluons, sur notre droite, les quatre évangélistes.

XXVI.—S. MARC.

XXVII.—S. JEAN, apôtre.

XXVIII.—S. LUC.

XXIX.—S. MATTHIEU.

XXX.—NAZARETH. Autre caveau dont S. Matthieu semble garder l'entrée, d'ailleurs assez étroite. Là, un observateur qui va de gauche à droite arrête successivement ses regards sur : l'Incarnation de Notre Seigneur, l'apparition de l'Ange Gabriel à la Sainte Vierge dans son oratoire, la présentation de l'enfant Jésus au temple de Jérusalem, le *Benedicite* de la sainte famille, le travail manuel de la Sainte Vierge, de St.-Joseph, et même de l'enfant Jésus recevant sa tâche de son père nourricier, et enfin, la soumission de l'enfant Jésus. — Tel est l'intérieur de Nazareth.

XXXI. — A droite, en sortant de Nazareth, et sans pénétrer dans le grand caveau, S. BARTHÉLÉMI, apôtre.

XXXII. — S. PHILIPPE, apôtre.

XXXIII. — S. JACQUES, fils d'Alphée, apôtre.

XXXIV. — S. THOMAS, apôtre.

XXXV. — Vis-à-vis S. Thomas, S. JACQUES, fils de Zébédée, apôtre.

XXXVI. — A gauche du dernier, S. ANDRÉ, apôtre et martyr, avec sa croix.

XXXVII. — S. PAUL, apôtre, prêchant l'évangile.

XXXVIII. — S. PIERRE, apôtre, avec les clefs du Paradis.

XXXIX. — Toujours à gauche, JÉSUS-CHRIST.

XL. — LA SAINTE VIERGE, immaculée.

Placés à dessein au centre de cette galerie, dont ils semblent présider les personnages.

XLI.—En suivant , S. JOSEPH, père nourricier du Sauveur. Il tient en main le lys de l'innocence.

XLII.—S. JEAN-BAPTISTE , le précurseur.

XLIII.—ANNE , la prophétesse.

Nous quittons actuellement le quartier des apôtres , etc., pour nous rendre à droite dans le corridor qui se trouve être dans le prolongement de l'escalier d'entrée , et par lequel nous arrivons au grand caveau.

XLIV.—SAINTE CÈNE. A gauche de l'Archange Raphaël (xiv) , on s'arrête et on lit : *Hoc facite in meam commemorationem. (Faites ceci en mémoire de moi.)* Jésus-Christ déclare qu'un de ses disciples le trahira ; Judas porte la main au plat ; institution de la sainte Eucharistie.—Ce tableau est une imitation de Léonard de Vinci.

XLV.—Vis-à-vis le tableau de la Sainte Cène : PASSION de N. S. J.-C.

Sur le plan à gauche : J. C. en prière au jardin des Olives ; apparition de l'Ange ; les disciples endormis.

Sur le plan à droite : Condamnation de Jésus-Christ ; Pilate se lave les mains.

Sur le plan du fond : Jésus-Christ crucifié ; S. Jean, la Ste. Vierge et Marie Magdeleine pleurant au pied de la croix. Voilà en quelques mots toute l'histoire de la Passion du Sauveur.

Les chapiteaux de colonne en marbre blanc placés dans ces deux derniers enfoncemens , ainsi que toutes les bases disposées par ordre dans l'ancien testament et dans le nouveau, font partie de la collection des débris voisins de l'escalier d'entrée. Ces chapiteaux sont sculptés avec une élégance et une perfection vraiment remarquables.

XLVI.—A gauche du tableau si lugubre de la passion , S. NICODÈME , docteur de la loi, pharisien converti.

XLVII.—En regard de ce dernier, S. JOSEPH D'ARIMATHIE, qui , de concert avec S. Nicodème, procéda à la sépulture du corps de N. S. J. C.

XLVIII. — RESURRECTION. Enfoncement voisin du n° XLVII. Notre Seigneur est déposé dans le tombeau ; résurrection glorieuse de Notre Divin Sauveur; frayeur des gardes ; les saintes femmes se dirigent vers le sépulcre de J.-C.

Ce petit caveau ne restera probablement pas tel qu'il est actuellement , car on prétend pouvoir le faire communiquer plus tard avec celui de l'ancien testament par un corridor dont on a presque constaté l'existence.

Comme il ne faut rien négliger pour les amateurs, et qu'en fait d'antiquités, tout, jusqu'aux plus minutieux détails, est de nature à les intéresser, nous leur recommanderons de ne pas visiter le grand caveau avant de remarquer, sur les murs de droite et de gauche qui en forment l'entrée, de vieux trous qui servaient évidemment autrefois à recevoir les verroux et les gonds d'une porte correspondant à une autre porte dont il sera question plus loin. Ces trous sont une des preuves de l'antiquité de la crypte Notre-Dame, dont la fondation remonte, selon toute apparence, à des temps antérieurs même à Charlemagne.

DEUXIÈME SÉRIE.

Nous pénétrons enfin dans le grand caveau de la crypte. A droite, entre un pilier et l'angle du mur, est un petit bénitier en marbre, trouvé parmi les décombres de l'ancienne église.

A gauche de l'entrée, l'œil s'arrête de lui-même sur l'image de notre premier roi chrétien, sur CLOVIS. Clovis, il est vrai, vivait plus de deux siècles avant la fondation de cette église, *aujourd'hui souterraine*; mais il y méritait une place pour avoir fait asseoir sur le trône cette religion chrétienne qu'il transmit, avec sa puissance, à ses successeurs, dont l'un, Clotaire II, fonda, si l'on en croit l'histoire, la crypte de Notre-Dame. Clovis est paré du manteau royal; son attitude est fière et imposante; il est entre deux pilastres, à l'extrémité angulaire et supérieure de chacun desquels est sculptée une tête d'animal fort grotesque et d'une apparence antique. Ces pilastres sont eux-mêmes adjoints à deux piliers dont le plus remarquable est celui de droite, où l'on peut découvrir de curieux débris de sculpture, parmi lesquels un aigle, dont le temps n'a détruit que la tête.

Un peu plus loin vous rencontrez un enfoncement qui fait face à l'autel.

Sur le plan du fond : un Christ entre deux Anges dans le style moyen-âge.

Sur le plan de droite : figure de Saint dans le même genre, c'est-à-dire dans le goût du Xme siècle.

Sur le plan de gauche : autre figure à peu près semblable à celle qui lui est diamétralement opposée.—La croix du Christ porte des inscriptions et des emblêmes dignes de remarque ; le tout est garni d'enjolivemens en rapport.

Au milieu de cet enfoncement, près d'une balustrade, une petite colonne de marbre moderne supporte une tête en pierre fort bien travaillée, et devant laquelle s'arrêtent tous les connaisseurs. De quelle époque est-elle ? nous l'ignorons complètement ; seulement, l'espèce de couronne qui pare son front, le bandeau qui enveloppe sa figure, nous portent à croire qu'on a voulu représenter une comtesse de Boulogne, Mahault ou autre. Cette tête, évidemment antique, est une tête de femme, et a été trouvée parmi les débris de la cathédrale détruite pendant la révolution. C'était apparemment autrefois un claveau de cintre.

A quelques pas de là apparaît Ste. CLOTILDE, nièce de Gondebaud, roi des Bourguignons, et mariée en 493 à Clovis, dont elle fait ici le pendant. Ce tableau, comme celui que nous avons examiné avant de passer à l'enfoncement d'où nous venons, est voisin de deux pilastres qui supportent chacun une tête d'animal, toujours du même genre; celle de droite surtout est empreinte d'un caractère incontestable d'antiquité. Le pilier à droite et à l'angle du mur est couronné d'un chapiteau où le temps a presque respecté une sculpture tout-à-fait singulière : on y distingue deux chiens et les pattes d'un animal dont le corps est brisé.

Il n'est pas indifférent de revenir directement sur nos pas vers le corridor d'entrée ; un archéologue qui entrerait dans le grand caveau où nous sommes en ce moment, pourrait observer avec quelque intérêt le chapiteau du premier pilier à droite et supportant la voûte : il y verrait, sculptés d'une manière tout-à-fait burlesque, des animaux qui n'ont qu'une seule tête pour deux corps et dont la queue se termine par une fleur de lis. L'expression naïve des mœurs de nos aïeux d'alors se reproduit dans tous les ouvrages d'art et d'esprit qu'ils nous ont laissés.

A quelque distance, sur les deux autres piliers également adossés au mur, les chapiteaux représentent des feuillages très-soignés au milieu desquels on a jeté, comme par hazard, une large tête d'animal ; ces feuillages sont entrelacés en forme de courroies très-minces.

Nous ne disons rien des rosaces, d'ailleurs peu curieuses, qui décorent les autres chapiteaux. Quand ces colonnes ont été trouvées, il y a quinze ans, elles étaient ornées de couleurs et de dessins du même genre (style byzantin), que ceux dont on a fait choix pour les restaurer. Au moment de la découverte, qui se fit en présence des autorités de la ville, des notables et d'un grand concours de peuple, les nuances de quelques unes étaient encore aussi fraîches, aussi vives, que si elles n'eussent daté que de la veille. Depuis lors, le contact de l'air, et le salpêtre dont les murs sont partout humides, les ayant fort altérées, on s'est vu obligé de les refaire à neuf comme tout ce que le temps avait entièrement effacé.

Il est temps de nous diriger vers l'autel : ici la voûte est moins haute, mais mieux arrondie ; les décorations sont aussi plus riches. Le tableau qui s'offre à nos yeux sur le plan du fond représente Notre-Dame de Boulogne entre deux Anges, avec l'enfant Jésus dans ses bras. D'une main elle tient un cœur : sa couronne, sa parure, tout y est raide et massif, comme cela devait être alors. Elle arrive par mer à Boulogne dans une nacelle qui porte ce chiffre : VCXXXVI, époque du fait. Sur une banderolle on lit cette inscription, neuve il est vrai, comme tout le reste quant aux peintures, mais en caractères anciens : *urbis et orbis honos.* (*honneur de notre ville et du monde.*) L'un des anges porte un livre en main ; l'autre paraît avoir un scapulaire. (1).

Dans une histoire de Notre-Dame de Boulogne, nous lisons ce récit fondé sur une tradition populaire, comme l'auteur paraît l'avouer lui-même :

(2) « L'an 633, ou 636 selon quelques-uns, sous le règne du Roy Dagobert, arriva au Port de Boulogne, un vaisseau sans matelots et sans rames, que la mer, par un calme extraordinaire, sembloit vouloir respecter. Vne lumiere qui brilloit sur ce vaisseau, fut comme le signal qui fit accourir plusieurs personnes, pour voir ce qu'il contenoit. L'on y apperçut une image de la Sainte Vierge faite de bois en relief, d'une excellente sculpture, d'environ trois pieds et demy de hauteur, tenant Jesus enfant sur son bras gauche. Cette Image avoit sur le visage je ne sçay quoy de Majestueux et de Divin, qui sembloit d'un costé réprimer l'insolence des vagues, et de l'autre, soliciter sensiblement les hommes à luy rendre leurs venerations, tandis que la nou-

---

(1) Le même tableau se trouve reproduit en petit sur une médaille que M. Haffreingue a fait frapper il y a quelques années, et qui se vend chez lui et chez Mme Muller, rue des Basses-Chambres, 7, haute-ville.

(2) *Les personnes qui visiteront la crypte à l'aide de cette notice pourront se dispenser de lire tout ce qui est citation ; alors la notice sera pour eux un vade-mecum, un guide fidèle et précis.*

veauté de ce spectacle ravissoit ceux qu'une sainte curio-
sité avoit attirez sur le rivage ; la sainte Vierge ne causa
pas de moindres charmes dans les cœurs du reste du peuple,
qui estoit pour lors assemblé dans une Chapelle de la
Ville-Haute, pour y faire ses prieres accoûtumées. Car
s'apparoissant à eux visiblement, elle les avertit, que les
Anges par un ordre secret de la providence de Dieu,
avoient conduit un vaisseau à leur rade, où l'on trouve-
roit son Image : Elle leur ordonna de l'aller prendre, et de
la placer ensuitte dans cette Chapelle, comme estant le lieu
qu'elle s'etoit choisi et destiné, pour y recevoir, à perpetuité, les effets et les temoignages d'un culte tout particulier. On tient mesme qu'elle leur commanda de foüir dans
un endroit qu'elle leur découvrit, les assurant qu'ils y trouveroient de quoy fournir aux frais necessaires, pour mettre
cette Eglise en sa perfection.

« La nouvelle de cette apparition se répandit aussi-tost
par toute la ville, et en mesme temps le peuple descen-
dit en foule sur le rivage pour y recevoir ce sacré depost
et ce riche monument de la liberalité divine. C'estoit là
veritablement la marchandise la plus pretieuse qui fût jamais entrée dans cet ancien port des Morins (1), autrefois si
fameux par son commerce ; et c'estoit là aussi ce qui luy
devoit faire voir dans les siecles suivants plus de Rois et de
Princes Chrestiens prosternez aux pieds des Autels de la
Sainte Vierge, que la commodité de son trajet ne luy avoit
fait voir auparavant de Césars et de Chefs Romains.

« Cette sainte Image fut solemnellement portée dans
l'Eglise, où elle est encore à present honorée ; Eglise qui
peut passer à bon droit pour un des plus anciens Sanctuaires
de toute l'Europe, où la pieté envers la sainte Vierge ait
fleuri davantage, et où Dieu ait operé plus de merveilles,

---

(1) Morini à Gallis dicti sunt quasi maritimi, *mor* Gallis mare
significante.—*Notit. Gall. Hadr. Valesij.*

par son intercession, la plus part des autres Images, et lieux de devotion, n'ayant esté connus que long-temps apres.

. . . .

. . . .

« On ne sçait pas au vray de quel lieu est venuë l'Image de Nostre-Dame de Boulogne ; mais si l'on regarde le temps de son arrivée, l'on pourra facilement donner dans la pensée de ceux, qui ont crû qu'elle venoit de l'Orient, et qu'elle estoit un reste du débris arrivé, selon Baronius, environ ce temps-là, dans les Villes d'Antioche et de Jerusalem, par l'invasion des Sarrasins, qui donna lieu, selon la remarque de ce sçavant (1) Cardinal, de faire transporter par divers moyens, plusieurs Reliques dans l'Occident, où l'Eglise joüissoit, pour lors d'une profonde paix. Et ainsi la Ville de Boulogne, quoy que située dans un coin des plus reculez de l'Occident, pouvoit bien avoir profité, dans cette occasion, des depoüilles de l'Orient ; et l'Image, avec les reliques dont nous avons parlé, pourroit bien estre une partie des richesses qui luy furent alors enlevées. Comme si Dieu, dans le temps que ces barbares s'emparoient de la terre Sainte, avoit voulu, par un dessein tout particulier de sa Providence, que l'Image de sa Sainte Mere, chassée en quelque façon de la Palestine, trouvast son azile justement dans une Ville qui devoit un jour donner naissance à l'invincible Godefroid (2) de Boüillon, ce grand restaurateur de son saint nom dans les Païs du Levant.

---

(1) Complures translatas tunc fuisse Reliquias, constans fama, vetusque traditio, potiùs quàm scripta significant, quas ex Oriente advectas diversa Occidentalis orbis loca custodiunt. — *Baron. Tom.* 8, *ad an,* 637.—*Meyer. L. II. ad an.* 633.

(2) Oriundus fuit de regno Francorum, de Rhemensi provinciali Civitate Boloniensi, quœ est secus mare Anglicum sita.— *Guill. Tyr. L.* 9. *C.* 5,

« Ce seroit peut estre, avec plus de fondement, que l'on avanceroit que cette Image a esté faite par saint Luc, aussi bien que celle de Lorette, à qui elle est toute semblable, et en sa grandeur et en sa matière, qui est d'une espece de bois incorruptible; puisque non seulement c'en a esté une creance continuelle décenduë jusqu'à nous, par la tradition, et confirmée, selon quelques-uns, par des revelations particulieres; mais qu'outre cela, les Demons mesmes, quoy qu'ennemis declarez de l'honneur de la Mere de Dieu, ont esté contraints quelquefois, par la force des exorcismes, de rendre temoignage à cette verité par la bouche des personnes qu'ils obsedoient. Aussi est-ce une opinion communement receuë que ce saint Evangeliste, qui avoit une grace particuliere pour pouvoir representer au naturel la figure de la sainte Vierge, à laquelle il estoit tres-affectionné, en a fait diverses Images, tant en relief qu'en peinture, que Dieu a renduës recommandables par un grand nombre de miracles.

Antoine Le Roy, Chanoine, Archidiacre et Official de Boulogne.—Hist. de Nostre-Dame de Boulogne, éditée en L.DC.LXXXI. liv. I. chap. I.

« La tradition sur laquelle ce récit repose », *dit l'auteur au commencement de son ouvrage*, « semble avoir cet avantage sur beaucoup d'autres, qu'elle n'est pas une simple tradition verbale, et authorisée par la seule foy de nos predecesseurs; mais qu'elle a mesme quelque chose de la force de celles qu'on appelle traditions écrites; puisqu'elle est insérée dans les plus anciennes genealogies manuscrites des Comtes de Boulogne. »

« Il est constant que l'Eglise de Boulogne estoit sans Pasteur, lorsque l'Image de la Sainte Vierge y fut receuë;

outre cela , il y a bien de l'apparence que les choses y estoient en assez pauvre état.

« Il ne faut , pour en estre persuadé , que jetter les yeux
sur la premiere retraite qu'on donna à cette Image si sainte
et si auguste , car la Chapelle où on la mit d'abord, n'estoit
couverte que de genests ou de joncs marins, et avoit bien
plus l'air d'une pauvre Eglise champestre, que d'une Eglise
Matrice, et principale de tout un païs.»

Ant. Le Roy. ibid, liv. 1. *Chap. II.*

Cette chapelle, dont parle ici le chanoine Le
Roy, n'est-elle pas celle-là même qui précéda
l'église bâtie plus tard par Clotaire II, c'est-à-
dire, selon nous, la crypte actuelle ?

A gauche du tableau de Notre-Dame, le saint
Roi LOUIS IX fait hommage de sa couronne
à la patronne de la France. Son manteau bleu à
bordure d'hermine est parsemé de fleurs de lys
et moucheté d'abeilles d'or. Né en 1214, roi
de France en 1226, Saint Louis mourut le 25
août 1270. L'histoire ne dit pas qu'il soit venu
dans cette Église ; néanmoins son éminente
piété lui a valu le rang qu'il y occupe. Le chanoine Leroy rapporte seulement que ce monarque, profitant de la mort de Mahault, veuve
de Philippe de France, étendit la juridiction
de Boulogne sur Calais, juridiction qui, de tem-
porelle qu'elle était d'abord, devint ensuite spirituelle. (1)

_____

(1) Ant. Leroy. Liv. II. Chap. IV.

A droite du tableau, GODEFROID DE BOUILLON, duc de Lorraine, fils d'Eustache II, comte de Boulogne et de Lens. On prétend qu'il naquit à Boulogne vers le milieu du X.e siècle : ce fait est contesté. Près de deux siècles avant Saint Louis, il vient, en costume de croisé, s'agenouiller aux pieds de Marie. Il est à la veille de partir pour la Palestine, où il mourut, roi de Jérusalem, le 18 juillet 1100.

« Godefroid, surnommé de Boüillon, ou plûtost de Boulogne (1), selon quelques Auteurs, secondant les pieuses intentions d'Ide sa mere, enrichit cette Eglise de quantité de Reliques très-precieuses, qu'il envoya de Syrie et de Palestine (2), POUR GAGE ET PREROGATIVE D'AMOUR SINGULIER : ce sont les termes d'un ancien titre tiré des Archives de l'Eglise Collegiale de Lens en Artois, qui eut aussi part à ce present, et qui se glorifie d'avoir les mesmes Comtes de Boulogne pour ses Restaurateurs et ses Bienfaiteurs. On tient mesme, que la Couronne d'argent qui luy fut presentée, quand il fut proclamé roi de Jerusalem, et qu'il refusa de porter, se souvenant que le Roy des Rois en avoit porté une d'épines en ce lieu-là mesme, fit partie de sa liberalité envers Nostre-Dame de Boulogne. (3) »

Ant. Leroy. liv. 1. chap. II.

La dévotion de ce vertueux Comte pour No-

---

(1) Meyer. Paul. Œmil. Hadr. Vales. in notit. Gall. de vtroque Ducatu Lotharing.

(2) Quâdam prerogativâ specialis amoris. Oliv. Vred. in Geneal. Fland. tom. I.

(3) Labores Godef. Bullon. per Guill. de Vrab. 7.—Hist. d'Abbeville, liv. V chap. 42.

tre-Dame exerça, sur beaucoup de personnages marquans, une influence vraiment heureuse. On en voit un exemple dans les deux extraits qui suivent :

Extrait des Archives de l'Eglise Collégiale de Lens en Artois, rapporté par Oliv. Vredius, entre les preuves de la Genealogie des Comtes de Flandres, Tome 1. tab. 7. p. 230.

Robertus Comes Attrebatensis, omnibus salutem. Tenet et recitat Modernorum posteritas qualiter olim Hierosolymorum Rex Godefridus de Bullon., Duc Brabantiæ, Dominus de Lens in Artesis, et Comes de Boloniâ suprà mare, suas B. Mariæ Lensensis, et Boloniensis Ecclesias, *quâdam prærogativâ specialis amoris*, pretiosis ditavit Reliquiis, etc. Quamobrem nobis et uxori nostræ Matildi visum dignum fore, ut tàm sanctæ Reliquiæ ampliùs non laterent sub modis, sed super candelabrum ponerentur, etc. Datum 1247. mense Novemb. »

Extrait d'une Charte inserée au Livre rouge du Chapitre de ladite Eglise de Lens.

« L'an 1247. il plut à tres-Excellent et Catholique Prince de cette Terre Robert, Comte d'Artois, et tres-noble Dame sa loyale Epouse, que grande quantité de saintes Reliques, lesquelles tres-Chrestien Roy Godefroy de Boüillon jadis Roy de Jerusalem, Duc de Brabant, Sire de Lens en Artois, et Comte de Boulogne sur mer, avait acquises en la Sainte Terre d'outremer, et envoyées ensemble avec autres, à départir également aux deux Eglises Nostre-Dame Sainte Marie, c'est à sçavoir de Lens, et de Boulogne, fussent manifestées, etc. »

L'autel est en bois et paraît reposer sur trois petites arcades dans chacune desquelles on a peint à l'huile et avec plus de soins qu'ailleurs, selon nous, un saint, dans le genre moyen-âge. Ces arcades sont assises elles-mêmes sur un tombeau en marbre noir qui sert comme de degré pour pénétrer dans le sanctuaire, et sur lequel on déchiffre ces inscriptions :

QUÆ VETERI IN TEMPLO MARIÆ DISPERSA JACEBANT HOC TUMULO PIETAS NUNC SIMUL OSSA TEGIT.
Tous les ossements épars ça et là dans l'ancien temple de Marie sont maintenant réunis et gardés par la piété dans ce tombeau.

CUSTODIT DOMINUS OMNIA OSSA EORUM.
Le Seigneur veille sur toutes leurs cendres.

Ps. 23.

EXULTABUNT OSSA HUMILIATA.
Leurs os brisés tressailleront de joie.

Ps. 50.

Sous cette pierre tumulaire a été nouvellement construit un caveau assez large où sont rassemblés tous les os qu'on a pu retrouver en jetant les fondemens de la nouvelle Église. On prétend que les restes de Mgr. de Pressy, l'avant-dernier des évêques de Boulogne, y sont déposés. Une chronique qui existe encore nous confirme dans cette opinion (1).

Les deux chapelles latérales du chœur communiquent avec l'autel par deux portes étroites

---

(1) Voir M. P. Hédouin. Notice historique et biographique sur l'évêché de Boulogne, p. 191 et suiv. Dern. édit. de l'hist. de N.-D.

et basses pratiquées autrefois dans les murs de séparation, apparemment pour la commodité du service divin. Au fond de la chapelle à droite, est une niche , et au fond de cette niche : *Clotaire II*, roi de France.

« Nous lisons dans Ferry de Locre (1), que Clotaire second, surnommé le Grand, voulant faire refleurir la Religion Chrétienne dans cette province maritime, que les frequentes irruptions des Barbares avoient si fort endommagée, s'estoit appliqué principalement à faire bastir, d'une maniere somptueuse l'Eglise de Boulogne, ainsi que celle de Theroüenne (2), sous le nom et le tiltre de Nostre-Dame ; mais soit que cette Eglise ait esté peu de temps après ruinée par le feu, ce qu'on pourroit peut-estre inferer d'un vieux Legendaire, qui dit, sans pourtant specifier le temps, qu'ayant esté brûlée par trois diverses fois, elle s'est veuë comme le Phenix, renaistre autant de fois de ses propres cendres ; soit, comme d'autres aiment mieux , qu'elle soit demeurée imparfaite , à cause de la mort de ce Roy survenuë en 632. il est certain, qu'il y avoit encore bien du travail à y faire, quand l'Image miraculeuse y arriva ; mais ce travail fut bien-tost achevé. Le zèle des Habitans , échauffé par la presence de la Sainte Vierge , qui leur avoit mesme montré le lieu où ils trouveroient de quoy fournir au reste de la depense , les fit en peu de temps venir à bout de tout. Ainsi ce temple qui devoit estre un jour le témoin des vœux de tant de peuples , fut heureusement achevé et mis en sa perfection, partie par la pieté des Roys tres-Chrétiens, qui l'ont ensuite dotté de plusieurs revenus , partie par le travail des

―――――――――――――――――

(1(Ferreolus Locrius in Mariâ Augustâ. L. 4. C. 64.

(2) Sacræ Virgini inscripsit, ut sub ejus dexterâ roboraretur diæcesis. Idem. L. 2. C. 20.

Boulonois, qui en devoient tirer les principaux avantages ; partie enfin par la liberalité mesme de la Sainte Vierge, qui en vouloit faire un reservoir de graces, et de benedictions. »

Ant. Leroy. liv. I. chap. II.

Dans la chapelle à gauche de l'Autel est aussi une niche où *Charlemagne* est représenté en costume d'empereur. Il était contemporain de l'Eglise Notre-Dame, il fut plein de zèle pour la religion chrétienne ; tels sont les titres qui lui ont mérité cette place, quoique son histoire ne se rattache en aucune manière à celle de Notre-Dame.

Encore quelques mots, et nous quittons la crypte proprement dite.—Tous les piliers du milieu sont, depuis peu, surmontés d'urnes funéraires ; six de ceux qui soutiennent la voûte sont échancrés à leur base, ce qui porte à croire qu'il pouvait y avoir autrefois des stalles dans l'intervalle qui les sépare. La voûte est neuve comme presque partout ailleurs ; sa courbure est de genre romain. Le damas et les bandes arquées qui la décorent sont une imitation de ce qu'on voit, à Rochester et à Lincoln, dans les deux plus anciennes églises de l'Angleterre, avec quelques réminiscences de Cologne.

Quatre portes régulières mettent le grand caveau en communication avec les galeries adjacentes. L'une d'elles, plus voisine de Charlemagne que les trois autres, conduit à la troisième série. A gauche de cette porte s'élève un pilier, vers le milieu duquel est creusé un trou, qui, pour la forme, ressemble assez à un rectangle de base étroite, et qui, peut-être, recevait autrefois l'extrémité d'une barre séparant le chœur du reste de l'Eglise, quoiqu'on n'en voie pas d'autres indices sur les piliers suivans.

Les peintres ont surtout été éclairés des lumières de M. de Bazinghen pour restaurer la deuxième série.

TROISIÉME SÉRIE.

Déjà nous avons quitté le grand caveau. Plus nous avançons dans la crypte, plus elle nous paraît merveilleuse.

Jusqu'ici nous n'avons pas encore trouvé de peintures anciennes ; mais nous ne tarderons pas d'en découvrir si nous nous rendons dans le caveau immédiatement à notre droite, en sortant de la crypte proprement dite.

Ici les décorations changent, puis apparaissent sur les murs (1) :

1. GODEFROID DE BOUILLON, ou de Boulogne. Il est ici en costume ordinaire.—Pour son histoire, voir page 20 et suivantes. Voir en outre

---

(1) Nos numéros correspondent toujours à ceux des murs, comme moyen plus facile d'indication.

M. P. Hédouin, neuv. édit. de l'hist. de N. D. de Boul., p. 239 et suiv.

2. EUSTACHE III, Comte de Boulogne, fils d'Eustache II et de Sainte Ide, mort vers le milieu du XIIe siècle au monastère de Rumilly, fondé par lui (1).—Il part pour la croisade : sur son bouclier, outre la croix rouge, marque distinctive des croisés , sont gravées les armes de Boulogne.

« Eustache III du nom, frere de Godefroy, après son retour de la Terre Sainte en son Comté de Boulogne, travailla d'une autre maniere à la gloire de l'Eglise de ce lieu. Elle avoit un Chapitre , qui tâchoit de se conserver quelques restes de l'ancien Siege Episcopal. Eustache s'attacha à le perfectionner, en faisant embrasser aux Chanoines la Regle de S. Augustin, qui estait alors dans sa plus grande ferveur.

. . . . . , ...

« Ce fut environ l'an 1109. » *continue le même auteur, après avoir dit qu'*« Eustache fut seconde dans l'execution de son dessein par Godefroy son frère , en qui il avoit remarqué beaucoup d'affection pour un Monastère de cet Ordre étably sous le Mont de Calvaire (2), pour la garde du S. Sépulchre, et où il avoit voulu mesme estre enterré , puis par le B. Jean de Commines , Evesque de Therouenne, un des plus saints Prelats de son temps (3), ce fut environ l'an 1109. (4), que cette Reforme fut introduite dans l'Eglise de Boulogne,

---

(1) Chronique.

(2) Guil. Tyr. 1, 9. c. 9.

(3) La vie de ce Saint Evesque a esté écrite par Jean de Collemieu son Archidiacre.

(4) Mss. Eccles. Bolon.

et que cette Eglise autrefois Cathedrale devint Abbatiale, à la prière et à la sollicitation de ce vertüeux Comte, qui pour meriter le titre de fondateur, ceda à la nouvelle Abbaye plusieurs fonds et revenus, avec mesme un droit de chaufage dans la forest de Boulogne, ainsi qu'on le collige des Bulles d'Honoré II. et d'Innocent II. et d'une Charte du B. Jean de Commines, donnée l'an 1129.

" Mais une chose que l'on doit observer içy, et qui marque également et la sage précaution du Comte, et la juste condescendance de l'Evesque, c'est que comme il y avoit lieu de craindre, que dans la suite des temps le nouveau nom d'Abbaye n'effaçast l'ancienne idée du Siege Episcopal, et ne portast quelque prejudice à cette Eglise, qui s'estait maintenuë jusques alors dans les honneurs et preéminences de Cathedrale ; le Saint Evesque, sans doute à la requeste du Comte Eustache, donna des lettres authentiques signées de sa main, qui ont esté long-temps conservées dans la Thresorerie, et dont nous n'avons plus presentement que de vieilles copies assez informes, par lesquelles il declare que l'Eglise de Boulogne estoit anciennement Cathedrale, et qu'il la conserve dans tous les droits et privileges, qu'elle avoit toûjours eu, tant dans l'administration des Sacremens, qu'en toutes autres rencontres, en qualité d'Eglise Matrice, et seule Paroisse de la Ville, faux-bourg et banlieuë. Ce fut sans doute en consideration de ces Privileges, qu'elle tint toûjours la seconde place du costé droit (1), dans la Congregation d'Aroüaige lez Bapaume, dont elle estoit un membre, avant que les guerres de Flandres l'eussent obligée de s'incorporer à celle de Saint Victor lez Paris : Et ce fut

---

(1) Aroüaige nouvelle Reforme de l'Ordre de S. Augustin, sous Gervais natif de Boulogne son premier Abbé. Elle avoit sous soy 28. monasteres. Locr. in Chron. Belg. ad an, 1090 et 1121.

cela encore qui fit, que ses Abbez eurent toûjours la pre-
séance, soit dans les Chapitres, soit dans les autres assemblées, devant ceux de S. Vvlmer, de Boulogne, de Beau-
lieu et de Doudeauville en Boulonois, et plusienrs autres
des plus considérables de Flandres, d'Artois, d'Irlande et
de Pologne mesme. » (1)

Ant. Leroy. Liv. I. chap. II.

Entre Godefroy de Bouillon et Eustache, son
frère, un peu plus bas que leurs portraits, on a
découvert des ogives gothiques parfaitement
conservées et que l'on prétend avoir été peintes
au XIIIe siècle; ces ogives, précieuses pour témoigner de l'antiquité de la crypte Notre-Dame, ont
été précédées elles-mêmes, comme on peut s'en
assurer si l'on y regarde de plus près, par d'autres dessins de forme carrée et qu'on n'a distingués que depuis quelques jours. Un archéologue ne manquerait pas d'y voir deux nuances,
l'une grisâtre et l'autre blanche. Ces carrés,
ou plutôt ces rectangles, ont 16 centimètres de
hauteur sur 25 de base, et plus loin nous en
montrerons encore des vestiges; antérieurs aux
ogives, ils remontent, dit-on, au Xe siècle.

---

(1) Leroy dit encore (livre I, chap. IX). Les successeurs de la
Comtesse Ide de Lorraine et de ses fils Godefroy et Eustache
se montrèrent dévoués à Notre-Dame. On pourroit d'ailleurs
alléguer, comme une preuve generale de leur attachement au
service de Notre-Dame de Boulogne, leur cri de bataille, qui
était Notre-Dame, au lieu de *Boulogne-belle*, qu'ils criaient
anciennement.

Outre ces restes curieux des antiques décors de
la crypte Notre-Dame, on peut encore suivre
les traces de draperies contemporaines des
ogives, au-dessus desquelles elles se dessinent
moins franchement il est vrai que plus loin : ce
que nous ne tarderons pas de vérifier.

3. STE. IDE, Comtesse de Boulogne, « née
l'an 1040 de Godefroi-le-Barbu, duc de Lorraine, épouse d'Eustache II, comte de Boulogne et mère de Godefroy de Bouillon,
d'Eustache III et de Beaudouin, comtes de
Boulogne; elle mourut le 13 avril 1113. »

Feller. dict. hist.

« Avant de mourir elle avait fait reconstruire
» la Cathédrale de Boulogne. »

Chronique.

Sa parure est simple et modeste comme ses
humbles vertus.

» Ide de Lorraine (1), que plusieurs Escrivains tant anciens que modernes qualifient du nom de Sainte, femme
d'Eustache aux Guernons Comte de Boulogne, fut une des
premieres, qui signala sa pieté envers cette principale Eglise

---

(1) Vita B. Idæ Com. Bolon. à Monacho Vvrastendi coævo.—
Molan et Gazet mettent sa Feste le 13 d'Avril. Sa vie a depuis
peu esté composée par le R. P. de S.-Lo de la ville de Calais,
Correcteur des Minimes de la Place-Royale, pour estre insérée
dans la nouvelle Edition de la Legende du P. Simon Martin.

de son Domaine. Cette vertueuse Princesse brûloit d'amour et de zele pour toutes les Eglises qui estoient dans les terres de sa dépendance, et souhaitoit ardamment de participer à toutes les prières qui s'y faisoient, et à tous les sacrifices que l'on y offroit au Seigneur : mais son cœur avoit des sentimens plus particuliers et plus tendres pour celle de Boulogne. Aussi le motif en estoit plus singulier et plus engageant: C'estoit une Eglise toute dédiée à la Sainte Vierge, et toute consacrée à sa gloire, et cette consideration estoit d'un grand poids, envers une Dame aussi jalouse de l'honneur de MARIE, que l'estoit Ide, elle qui avoit pour directeur dans la vie spirituelle, le grand S. Anselme Religieux du Bec en Normandie, et depuis Archevesque de Cantorbery, un des plus zelez serviteurs de cette mere de Dieu. Outre le commerce de lettres qu'il entretenoit avec elle, dont il nous reste encore quelques-unes (1), où nous admirons les transports de la Charité la plus tendre, il l'est venu quelquefois visiter (2) dans sa ville de Boulogne, ainsi que le témoigne l'Auteur de sa vie. De sorte que nous pouvons, à bon droit, considerer les bonnes inclinations de cette Comtesse, envers l'Eglise de N. Dame de Boulogne, comme le fruit de ce commerce sacré, et de cette liaison sainte, qu'elle eut pendant sa vie, avec cet illustre devot de la Ste Vierge. Elle ne se contenta pas de dotter cette Eglise de plusieurs terres et revenus, sous le bon plaisir et l'agrément d'Eustache son mary, mais elle employa encore une somme d'argent très-considerable (3) pour en faire rebâtir la plus grande partie.

Ant. Leroy. liv. I. chap. II.

---

(1) S. Anselme 1. I. Epist 73. 1. 2. Epist. 24 et 37, 1. 3. Epist. 18. 56 et 58.

(2) Hist. Novorum, Authore Eadmero. 1. I. part. 2. c. 1.

(3) Extraits de divers et anciens livres mss. de cette Eglise par M. de Conteval, Chantre et Chanoine.

» L'Abbaye de la Capelle dans le territoire de Marcq, pour lors de la dependance des Comtes de Boulogne, fut fondée sous la Regle de Saint Benoist, et sous le titre de Nostre-Dame, en l'an 1091 (1). Ce fut encore nostre Sainte Ide, qui fit cet establissement en l'honneur de la Sainte Vierge. Elle en avoit onze cheveux (2), qu'Astulphe Roy d'Irlande luy avoit donnez, elle les mit en dépost avec plusieurs autres Reliques dans cette nouvelle Abbaye. Nous trouvons dans un Titre de l'an 1117. qu'après qu'Ide fut morte, Eustache son fils, donná pouvoir à Eustache d'Oye, fils d'Anselme son Vicomte dans la Terre de Marcq, de ceder à l'Abbaye vingt-cinq mesures de Marais, (3) pour l'ame de la venerable Comtesse. »

Ant. Leroy. Livre I. Chap. IX.

Ex vetusto legendario Capituli Boloniensis de relatione Capituli S. Maximi Episcopi ex Ecclesiá Bolon. ad Taruanensem, an. 1134.

» Ecclesia Beatæ Mariæ Bolon. antè 30. circiter annos, à Sancta Ittâ, seu Idâ Matre Gòdefridi Bullonii Comitis Boloniensis, et Primi Jerosolymorum Regis Christiani, constructa fuerat, et plurimis Reliquiis Sanctis, à Syriâ et Palestinâ, ab eodem Godefrido, et Balduino ejus fratre, transmissis, instructa et ornata. «

A gauche du numéro 3, vers l'un des angles inférieurs de l'encadrement où Sainte Ide est

---

(1) Lambert. Ard. C. 31, Joan. Iper. in Chron. S. Bertin. c. 39. part. 2.

(2) Gazet. Hist. Eccl. des Pays-Bas. p. 530.

(3) Pro anima venerabilis Idæ Bolon, Comitissæ per manus Domini mei Eustachii ejusdem Idæ Com. filij.

représentée, se voit une petite niche où sont
deux carreaux en terre cuite; sur chacun desquels on a tracé une ligne courbe égale à une
demi-circonférence. Ces carreaux sont aussi anciens que la niche. Sur le plan du fond M. Haffreingue a fait reproduire en grand, et d'après
l'original, le sceau du chapitre de Notre-Dame.
Ce sceau est marqué en tête d'un réglement
disciplinaire du chapitre, lequel est conservé,
avec la planche, dans la bibliothèque de M.
Haffreingue, et est daté de l'an 1669.

A droite de cette niche, et à la hauteur du
numéro 3, un autre tableau encadre un portrait
antique qui paraît être de la même époque que
les ogives dont nous venons de parler; cette
figure a été laissée telle qu'elle était au moment où les souterrains ont été débarrassés,
sauf l'encadrement qui a été un peu retouché.
En fait de tableau, voilà ce que le temps a le
moins altéré. Bien des amateurs s'accordent à
reconnaître là St. Paul, armé d'une épée : car
l'épée est son principal attribut symbolique.

4. PHILIPPE AUGUSTE, le conquérant et
Dieu-donné, né en 1165, roi de France en
1180, mort en 1223.—Il revient vainqueur de
la bataille de Bouvines, le bouclier sur le côté
gauche, et l'épée dans la main droite.

« Entre les plus precieuses richesses de la Thresorerie,

3.

il est fait mention d'une double Croix d'argent, garnie de plusieurs Reliques de divers Saints, et enrichie de quantité de pierreries. (1) C'estoit un présent de Philippe-Auguste, qui pour signaler davantage sa liberalité envers la Sainte Vierge, luy donna encore une très-belle Image de vermeil doré, avec un cœur effigié en or. (2) On assure qu'il fit tous ces beaux présens l'an 1213. pendant qu'il sejourna à Boulogne, où il avoit estably le rendez-vous de sa flotte, et le quartier d'assemblée de ses troupes. Il estoit alors dans une conjoncture assez dangereuse, et il avoit besoin que ses forces fussent secondées de celles du Ciel, pour resister aux puissants efforts d'une Ligue redoutable, qui s'estoit formée contre luy, et dont le Roy d'Angleterre, le Comte de Flandres et celuy de Boulogne estoient les principaux Chefs : aussi ce Divin secours ne lui manqua point, puis qu'il deffit heureusement toutes ces troupes confederées dans la fameuse journée de Bouvines. Ce fut une victoire qui causa l'étonnement de toute l'Europe, et qui passa dans l'esprit d'un chacun pour miraculeuse. Le victorieux n'en disconvint pas luy-mesme ; il attribua le merveilleux succès de ses armes à une vertu d'en haut : il avoüa que les lauriers qui luy couvroient la teste, n'estoient pas tant le fruit de sa valeur, que l'ouvrage de la Mere du Dieu des batailles, à qui il s'estoit particulierement recommandé ; et pour laisser un perpetuel memorial de sa reconnoissance envers cette Reine du Ciel, il luy consacra une Eglise auprès de Senlis, sous le nom de Nostre-Dame de la Victoire, où il fonda des Chanoines Reguliers de S. Augustin, comme il y en avoit alors à Nostre-Dame de Boulogne. Voilà des marques de la de-

---

(1) Chron. Morin. Annal. Belg. Ægidii de Roya. ad an. 1213 et 1214.

(2) Douderghest. Chron. de Fland. chap. 102 et 104.

votion d'un grand Roy, dans un temps de guerre et de trouble. »

Ant. Leroy. liv. 1. *chap VI.*

Entre le mur où Philippe-Auguste s'offre à vos yeux, et celui sur lequel les archéologues se figurent voir Saint Paul, menez un plan perpenculaire à la surface du sol, et qui soit dans le prolongement du second de ces murs. Sur ce plan, M. Haffreingue découvrit, en 1829, des sujets religieux, des tableaux, des ogives, etc. M. Hédouin (1), membre de la société des antiquaires de la Morinie, s'empressa de venir constater le fait, et fut d'avis qu'on devait respecter quelque chose de si précieux. Mais les plans de la nouvelle église étaient définitivement arrêtés, il était trop tard et tout fut perdu.

Entre le numéro 4 (Philippe-Auguste) et le numéro 5 (Mahault), on a pratiqué dans le mur une seconde niche au fond de laquelle se montre une sainte, dans le goût moyen-âge. Son maintien burlesque, son air fantastique, quand le caveau n'est éclairé qu'à demi, ont fait sou-

---

(1) MM. P. Hédouin et A. de Bazinghem ont rédigé, en 1839, une notice sur la partie de la crypte alors connue. Cette notice archéologique, à laquelle nous renvoyons nos lecteurs, fait partie du supplément joint à la neuvième édition de l'histoire de Notre-Dame, par le chanoine Antoine Leroy, édition publiée aussi la même année par M. Hédouin.

rire plus d'un étranger qui ne s'attendait guère à trouver, au milieu de la famille des comtes de Boulogne, une figure de ce genre. Cette niche est neuve.

5. MAHAULT, ou Mathilde, « comtesse de Boulogne et de Dammartin, fille de Renaud, comte de Dammartin, et d'Ide, comtesse de Boulogne. Elle épousa, en 1216, Philippe de France, fils du roi Philippe-Auguste, et, en 1232, fit hommage au roi Saint Louis du comté de Boulogne qu'elle avait eu du chef de sa mère. Après la mort du prince son mari dans le tournoi qui se fit à Corbie la même année, elle fit une seconde alliance, l'an 1235, avec l'Infant Don Alphonse, depuis roi de Portugal, III de ce nom, qui la répudia. Elle avait eu de Philippe de France, Jeanne de Boulogne, morte en 1251. Mahault fonda l'hôpital de Boulogne. Justel a cru qu'elle mourut l'an 1260, et Du Cange soutient que ce fut avant l'an 1258. »

L. Moreri. Gd. Dict. Hist.

Le chiffre quelle porte sur la poitrine et qui figure assez bien un **M**, est une pièce d'armoirie. Son costume est calqué sur un tableau authentique.

« Epouse en secondes noces (1238) de l'Infant Don Alphonse III, frère de Sanche II roi de Portugal et de Ferrand, comte de Flandres, Mahault mourut à Boulogne méconnue de son époux, en 1160 ou 1161. L'Eglise de cette ville fut le lieu de sa sépulture : son anniversaire s'y célébrait tous les ans au 14 janvier ; et, jusque vers le milieu du 18me siècle, l'usage fut de faire durant le service, aux assistans pauvres, une distribution de pain et de harengs saurs, distribution qu'elle avait fondée. Cette aumône s'appelait *la partie Mahault.* »

Mr. de Clugny. Cost. Franc, depuis Clovis, etc.

« Une des plus considerables fondations, et qui merite à bon droit de tenir le premier rang, est celle de Mahault, fille de Renaut de Dammartin et femme de Philippes de France. Celuy-cy avoit voulu perpetuer sa memoire dans le païs par la construction des Châteaux de Boulogne et d'Hardelot (1), par la réedification des murs de la ville, qu'il retressit du côté du Levant, pour la rendre plus forte, et par divers autres ouvrages somptueux et magnifiques : (2) mais pour Mahault, elle employa ses richesses à des usages plus saints et plus Chrétiens (3). Outre l'établissement d'une chapelle en l'Hôpital de Sainte Catherine, elle en érigea trois autres dans l'église de Notre-Dame, par-dessus le nombre de cinq qui y estoient déjà, et qui avoient esté fondées par les anciens comtes de Boulogne : et pour augmenter de plus en plus le service de la Ste.-Vierge dans cette Eglise de son nom, elle y legua la maison et les terres des Moulins-Labbé près Boulogne, et quelques autres portions de son heritage. Une Bulle de Clement IV. de l'an 1263. qui confirme toutes ces donations, fait aussi mention de quarante arpens de bois en une piece (4), qu'elle accorda, outre l'ancien droit

---

(1) Doudegherst en sa Chronique de Fland. C. 6.

(2) Chronicon Andrense Guillelmi Abb. in fine, ad an. 1233.

(3) Genealog. de la M. de Boul.

(4) Quadraginta arpenta foresta in una petiâ ; usum ad incidendum in forestâ comitis Bolon. ligna, videlicet duas quadrigas lignorum de dictâ forestâ diebus singulis capiendas.

de chauffage donné par ses predecesseurs, et qui consistoit
à pouvoir couper chaque jour, dans la Forest, jusques à
deux charrées de bois. Enfin, après avoir fait l'Eglise de
Nostre-Dame, heritiere de la meilleure partie de son patri-
moine: elle deceda en (1) 1258. et voulut que son corps
fust enterré à l'entrée de cette mesme Eglise, auprès de la
Comtesse Ide, fille de Matthieu d'Alsace, sa Mere, qui avoit
esté rapporté de Flandres, où elle estoit decedée en 1216.
Les Tombeaux de ces deux Comtesses, se voyoient encore,
avant que la Ville fut prise par les Anglais ; mais l'un et
l'autre furent renversez et démolis par ces ennemis, ainsi
que plusieurs precieux monuments de l'antiquité. Au reste
ny l'injure des temps, ni le sort des armes n'ont esté capables de detruire un monument bien plus glorieux, que cette
mesme bienfaictrice s'est élevé dans le cœur des pauvres,
par cette aumône publique, que l'on continue (2) de faire
tous les ans au jour de son anniversaire, et qui du nom de
sa fondatrice s'appelle vulgairement LA PARTIE MAHAULT. » (3)

Ant. Leroy. Liv. I. Chap. IX.

Pour la Bulle de Clément IV mentionnée ci-
dessus, on peut consulter l'extrait d'un ancien
cartulaire de l'église Notre-Dame, joint comme
pièce justificative à l'histoire du chanoine Leroy. p. 261 et 262.

Entre le numéro 5 (Mahault) et le numéro 6

---

(1) Et non pas en 1261, comme ont crû Messieurs de Sainte-
Marthe, et M. Justel.

(2) Il est bon de savoir que le Chanoine Leroy écrivait cette
histoire de Notre-Dame, en 1703.

(3) Le peuple, dans Boulogne, connaît encore cette princesse
sous le titre plaisant de MA TANTE MAHAUT.

(Philippe Hurepel), un débris de colonne atte-
nant au mur est en rapport avec une autre colonne dont il sera question ci-après et dont il
ne reste que la base. Nous devons à la vérité
de dire que, si ce débris est ainsi enclavé dans
la maçonnerie, la raison en est que le pan de
mur qui s'étend depuis Philippe Hurepel jusqu'à Philippe-Auguste inclusivement, est entièrement neuf. Ce large pilastre en marteau est
l'un des fondemens sur lequel repose le dôme de
la nouvelle église, et, quand il fut descendu, il
y a quinze ans, on ne songeait pas encore à la
crypte Notre-Dame. Le tronçon de colonne
devant lequel nous nous arrêtons est encore
couvert d'une couleur rouge parsemée de quelques traits vagues, mais dont la teinte paraît
bleue. Sa base est un octogone régulier où la
terre n'a pas entièrement effacé une nuance
grisâtre mêlée de rouge et de vert.

6. PHILIPPE, dit HUREPEL (riche costume
de parade ; il tient une lance en main), comte de
Boulogne et de Dammartin, fils du roi Philippe-
Auguste et d'Agnès de Méranie, époux de Mahault en 1216, et mort en 1234, dans un tournoi selon les uns, par le poison selon les autres.
Son histoire se rattache à celle de Mahault. Voir
ci-dessus page 36 et suivantes.

Avant de sortir de ce caveau, consacré à deux
des plus anciennes familles de la maison de Bou-

logne, nous dirons qu'entre Philippe-Auguste (n° 4) et ce vieux portrait que nous avons examiné avec tant d'intérêt, fut trouvé, en 1829, l'embrasure d'une fenêtre aujourd'hui complétement fermée par le mur neuf destiné à soutenir le dôme du nouvel édifice. Ceci nous confirme dans notre opinion, savoir : que la chapelle maintenant souterraine n'exista pas toujours à l'état de *Crypte*, mais qu'au jour où elle fut bâtie, elle le fut pour servir d'Eglise. Plusieurs antiquaires ont déjà pris ces souterrains pour des catacombes qui auraient servi jadis à la sépulture des morts. Erreur ; car à peine a-t-on retrouvé quelques ossements dans les terres qui encombraient ces prétendues catacombes, et, de tous ceux que l'on a déposés dans le tombeau sous l'autel, beaucoup leur sont étrangers. D'ailleurs, nous ne voyons pas dans l'histoire qu'on ait jamais construit à Boulogne de souterrains pour la sépulture des morts : seulement le chanoine Leroy nous dit que la première *Eglise* fut fondée ou plutôt commencée par Clotaire II le Grand, puis *mise en sa perfection* par les soins de la Sainte Vierge elle-même, quand l'Image miraculeuse y fut arrivée. Le même chroniqueur ajoute qu'après la destruction de ce temple, on en éleva un autre sur ses ruines, ou plutôt, selon nous, sur ses fondements primitifs, un autre plus riche, plus majestueux, celui-là même sans doute qui fut détruit à son tour par la main de la Terreur.

7. Hors de ce caveau, près de la porte de la grande crypte que nous avons visitée il n'y a qu'un instant : TROPHÉE MILITAIRE—bannière, bouclier, casque, lance, épée, etc., armés du moyen-âge.—Ce tableau se termine inférieurement par un reste de peinture antique que l'on a voulu respecter ; la partie du tableau où se voit le trophée était nue de toute couleur ; il en est de même pour le numéro suivant.

8. TROPHÉE RELIGIEUX.—Tiare, croix triple, chapeau de Cardinal, crosse épiscopale, etc.

Entre ces deux derniers tableaux, on reconnaît facilement, sous les draperies, les lignes blanches que nous avons déjà fait remarquer ailleurs. Elles s'y révèlent en effet plus vives et plus franches, et, si les travaux avaient pu être mieux surveillés, nous ne doutons pas qu'on les retrouverait partout sans presque aucune solution de continuité. Une méprise fâcheuse il est vrai, mais toutefois innocente, en a fait disparaître plus que bien des siècles.

9. JEAN II du nom, Comte d'Angoulême et de Périgord, surnommé le Bon, fils puîné de Louis de France, duc d'Orléans, et de Valentine de Milan, né le 26 juin 1304, roi de France en 1350, mort au château de Cognac, en Angoumois, le 30 Avril 1364 ; il est paré du diadème et sa robe rouge est tachetée de fleurs de lis en argent.

Pour l'historique voir ci-dessous page 43 et suivantes, la citation jointe à Charles V son fils.

10 Vis-à-vis JEAN-LE-BON : MARGUERITE DE FLANDRES, dame de Dampierre et de Sompuis, fille aînée de Jean de Flandres, seigneur de Dampierre, de Bailleul, de l'Ecluse, etc., et de Marguerite de Brienne, épouse de Châtillon II, seigneur du Tour et de Sompius ; elle mourut en 1308. — Riche et brillante parure.

" Marguerite de Dampierre, femme de Gaucher de Chastillon, second du nom, entr'autres dons pieux qu'elle legua à diverses Eglises, (1) par son testament fait en 1308. laissa quelque somme d'argent à celle de Nostre-Dame de Boulogne, *pour cause*, dit-elle, *de restor de Pelerinage*, qu'elle y devoit, et ordonna qu'on y envoyast en son nom un Pelerin, après sa mort, pour l'acquiter de son vœu. "

Ant. Leroy. liv. I. Chap. VII.

Entre ces deux derniers personnages, est un escalier de trois marches neuves en pierres de taille substituées en partie à trois autres degrés dont il ne restait que des débris. On pense en général qu'à cet endroit était fixée l'une des portes de l'Eglise ; d'autant plus qu'on voit à gauche et en bas du tableau de Marguerite de Dampierre, un vieux gond rouillé encore enfoncé dans le mur. Sur le mur opposé à ce

---

(1) Du Chesne Hist, de Chastillon. l. 7. c. 3.

gond , le verrou de la porte entrait dans un trou
taillé dans la pierre et qui existe encore.

11. JEAN DE FRANCE, duc de Berry,
comte de Poitou , d'Etampes , d'Auvergne et
de Boulogne , 3me fils du roi Jean , né le 30 novembre 1340 , mort le 15 juin 1416.—Costume ordinaire des princes d'alors.

« L'Eglise de Nostre-Dame de Boulogne eut encore , le
siècle suivant un celebre bien-faicteur, que je ne dois point
obmettre dans cette histoire. Ce fut Jean de Berry, troisième
fils du roi Jean , qui parvint au Comté de Boulogne par son
mariage avec l'heritiere de cette maison ; il fit construire le
grand Portail qui regarde le cimetière , où il fit élever une
grande figure de la Vierge dans un batteau , accompagnée
de sa representation et de celle de la Princesse Jeanne sa
femme. Dans l'un des costez du mur, estoit taillée l'histoire
de l'arrivée de l'Image , et dans l'autre , quelques-uns des
principaux miracles , le tout entrelassé de Fleurs de Lys.
La Thresorerie se ressentit aussi de ses liberalitez ; car il y
donna un tres-beau Reliquaire, où estoit renfermée quelque
partie de la Robbe de Nostre-Seigneur , avec un Bourdon
d'or garni de grosses perles , et une Coquille de mesme ,
contenant quelques reliques du chef de Saint Jacques le
Majeur. »

Ant. Leroy. liv. I. Chap. IX.

12. CHARLES V, le Sage , né à Vincennes
le 21 janvier 1337 , roi de France en 1364 ,
mort en 1380.—Costume de chevalier, casque,
mentonnière, etc.

« Les Rois Jean et Charles son fils , ont imité, et mesme

surpassé le zele de leurs predecesseurs envers Nostre-Dame
de Boulogne. Celui-cy estant Regent du Royaume, ensuite
de la funeste Journée de Poitiers, où Jean son pere, très-
brave, mais très-infortuné Prince, fut fait prisonnier par les
Anglois, vint à Boulogne, implora l'assistance de la Sainte
Vierge, et lui fit un vœu des plus solemnels, pour la déli-
vrance du Roy. S'estant informé fort exactement de l'ordre
qui s'observoit dans son Eglise, pour la celebration du Service Divin, et ayant reconnu, qu'il n'y avait point alors
d'Autel particulier érigé ou fondé dans la Chapelle, où reposoit l'Image miraculeuse, ravy de trouver une occasion si
favorable à sa pieté (1), il en fit élever un des plus superbes
et des plus magnifiques. La Ceremonie de la consecration
s'en fit par Jean de Craon Archevesque de Reims, où cet
illustre Dauphin de France assista, avec Louis Comte
d'Anjou, Jean Comte de Poitou, et Philippes de France,
depuis Duc de Bourgogne, ses freres, et grand nombre
d'autres Seigneurs de sa Cour, tant Ecclesiastiques que
Seculiers. Comme il avoit une singuliere confiance aux
prières qui se faisoient devant la Sainte Image, il ordonna
en mesme temps que l'on celebreroit tous les jours à perpetuité une messe sur ce nouvel Autel, à l'intention du Roy
son pere, et que cette Messe se diroit regulierement la premiere de toutes celles qu'on acquitteroit dans cette Eglise.
Et pour couronner son vœu, il fonda une grand' Messe à
l'honneur de la Sainte Vierge, pour chaque semaine et à la
mesme intention, il ne se peut rien de plus solemnel, que
cette fondation, ny rien de plus edifiant, que les termes

---

(1) Extrait des lettres de Charles V. « Ex quo sumus ingenti
gaudio commoti, credentes sic fuisse factum et fundationem ac
dotationem dicti altaris fuisse nobis specialiter reservatas, ut
locus in quo tot ac tanta miracula fiebant, ad laudem Virginis
gloriosœ, regali munificentiâ dotaretur. »

dont l'Acte en est conçû. L'on y remarque par, tout une espece de conflit agreable de la pieté Chrétienne avec la magnificence Royale, et ces deux vertus semblent disputer entr'elles, qui aura l'avantage dans une action si belle et si sainte.

» Bien-tost après, le Ciel se rendit propice à des vœux si justes et si fervents. Dieu qui tient les cœurs des Rois entre ses mains, pour les tourner et les fléchir comme il veut, rendit celuy du Roy d'Angleterre plus traitable en faveur de son prisonnier, et l'obligea à se relâcher sur beaucoup de conditions iniques, que la France n'estoit pas du tout en pouvoir d'accepter. De sorte que tous les obstacles, qui s'opposaient au retour du Roy estant levez, et toutes les difficultez estant aplanies, cet illustre captif fut remis en liberté. (1) Il partit de Calais, qui estoit alors sous la domination Angloise, le 25. octobre 1360, et s'en vint à Boulogne (2). Froissart dans le premier volume de son histoire, chapitre 213. rapporte qu'il fit ce voyage à pied par devotion, et qu'il arriva dans cet humble équipe, à la façon d'un Pelerin, dans l'Eglise de Nostre-Dame de Boulogne, où il s'acquita de son vœu avec beaucoup de respect. Le Prince de Galles, fils aîné du Roy d'Angleterre, ajoûte le mesme auteur, et les deux Princes ses freres luy tinrent compagnie en ce voyage, et le firent à pied comme luy. Après quoy le lendemain ils prirent congé de luy, et s'en retournerent à Calais. Quant au Roy, il resta à Boulogne jusqu'au 29. logé dans un appartement de l'abbaye, qu'on luy avoit superbement preparé. Il ne prolongea ainsi son sejour en cette ville, que pour s'acquiter à loisir des vœux

---

(1) Inde petit Bononiam supplicatum ad Deiparæ Virginis Memoriam. Meyer. l. 13. ad an. 1360.

(2) Bononiam venit ad B. Virginis aram preces et vota positurus. Locr. in Chr. Belg.

qu'il avoit faits à Nostre-Dame de Boulogne, à qui il se sentoit obligé du recouvrement de sa liberté, il ratifia agreablement tout ce que Charles son fils avoit fait en son nom, et à son sujet, et pour la validité des fondations, il ceda non-seulement et transporta à l'Eglise de Boulogne la proprieté de diverses terres et droits royaux sur la ville d'Estaples en Boulonois, mais il y ajoûta encore de son propre mouvement soixante livres parisis, à prendre par chacun an sur le péage (1) ou travers de Nempont, entre Montreüil et Abbeville, pour l'entretenement d'un Cierge ardent devant la Sainte Image pendant le sacrifice. Depuis ce temps jusqu'à la fin de ses jours, il conserva une affection singuliere envers Nostre-Dame de Boulogne. Il en donna des marques un peu après qu'il fut retourné en sa cour, se faisant admettre avec Charles son fils en la confrerie de Nostre-Dame de Boulogne sur Seine, et cette mesme affection parut encore, dans le dernier voyage qu'il fit à Boulogne sur mer en 1363. pour de là passer en Angleterre, et visiter les ostages qu'il y avoit laissez. Il arriva (2) en cette Ville le 23. Decembre, accompagné du Comte d'Eu, du Comte de Dammartin, du Grand Prieur de France, et de plusieurs Seigneurs de sa Cour, et il y resta jusqu'au 4. janvier. L'abbaye de Nostre-Dame eut encore l'honneur de le loger dans son enceinte, et l'Eglise dans ce second voyage, aussi bien que dans le precedent, se ressentit de ses liberalitez; car il luy accorda des lettres d'amortissement, pour un clos d'environ dix arpens de terre proche de Mondidier, appelé le Clos de Boulogne, et luy en relâcha la finance: desirant par là (comme il le temoigne dans

---

(1) Ce Peage a esté depuis cedé en proprieté à l'Eglise de Boulogne par lettres du Roy Charles V, données en Décembre 1364.

(2) Froissard. vol. I. c. 219.—Paradm. annal. Bourgogne. l. 3.

ces Lettres) participer à jamais au service divin , qui se celebroit dans cette Eglise , et esperant par cette reconnoissance envers la Mere de Dieu , arriver plus facilement au bonheur de sa compagnie dans le Ciel. Cette derniere Patente que nous avons encore dans nos Archives , fut enregistrée en la Chambre des Comptes, le 22. Novembre 1374. et expediée sans finance, ainsi que toutes les autres données en faveur de Nostre-Dame de Boulogne.

» Charles V. surnommé le Sage, fils et successeur de Jean, l'avoit ordonné ainsi. C'estoit un Prince fort devot à la Sainte Vierge , et ce fut sous son Regne et par ses soins , selon Baronius (1) , que l'on commença à celebrer en France la Feste de sa Presentation au Temple. Entre tous les lieux consacrez à cette Vierge , l'Eglise de Boulogne fut une de celles qu'il honora davantage. Il ne fut pas plutost parvenu à la Couronne, qu'il confirma toutes les donations que luy et le Roy son pere avoient faites en faveur de cette Eglise, et luy rendit en tous rencontres tous les offices d'un insigne et zelé bien-faicteur. Un auteur moderne (2) assure que Charles mit dans les Archives de S. Victor lez Paris , une Copie de la Fondation qu'il avoit faite à Boulogne en forme de vœu pendant la captivité du Roy Jean ; et il dit que ce fut, afin que l'Abbé qui estoit chef de la Con gregation des Chanoines de S. Augustin , dont l'Abbaye de Nostre-Dame de Boulogne faisoit alors un membre des plus considerables, veillast comme superieur, à l'execution de cette fondation ; une precaution comme celle-là, qui ne partait que d'un zele enflammé pour le culte de Dieu , et de sa glorieuse Mere , ne devoit pas estre frustrée. Aussi Dieu a permis que cette Fondation se soit toûjours acquitée , avec beaucoup de fidelité et de religion. Nous voyons

---

(5) In Not. Martyr. Rom. 21. Novemb.
(6) Cl. Malingre Antiq. de Paris. liv. 2 p. 441.

encore aujourd'huy les peuples assister en foule à cette Messe Royale, qui se dit tous les jours la première : Et tou'es les diverses revolutions qui sont arrivées dans l'Eglise de Boulogne, depuis le Regne des deux augustes Fondateurs, et qui ont effacé la memoire de tant d'autres choses remarquables, n'ont jamais donné la moindre atteinte à ce qu'ils y ont si saintement establi. »

Ant. Leroy. liv. 1. *chap. VI.*

« L'an 1360. pendant qu'Edoüard III, Roy d'Angleterre estoit à Calais avec Jean Roy de France, pour lors encore son prisonnier (1), le Prince de Galles et le Duc de Lancastre enfans d'Edoüard, voulurent profiter de l'occasion du voisinage de Boulogne, et furent bien-aises de visiter, par devotion, ce sanctuaire auguste, dont ils avoient tant oüi parler. Deux fils de France qui estoient à Calais avec Jean leur pere, leur servirent de compagnons et de guides dans ce Pelerinage ; et Charles Dauphin et Regent du Royaume, qui estoit à Boulogne, les y receut, après avoir esté environ demie lieuë au devant d'eux. Ils y séjournerent tout le lendemain et une partie du jour suivant, pour contenter à loisir les mouvemens de leur pieté, ensuite de quoy ils reprirent le chemin de Calais, extremement satisfaits de leur voyage. » (2)

Ant. Leroy. liv. 1. *chap. VIII.*

Extrait de l'Histoire et Chronique de J. Froissart, sous l'an 1360. vol. 1. chap. 213.

(1) Annales de France par Nicolle Gilles.

(2) Les divers sujets de guerre qui se renouvellerent peu après entre les deux Couronnes, et qui causerent de si grandes inimitiez, ne furent pas capables d'éteindre cette ancienne affection des Anglais envers Nostre-Dame de Boulogne.

« Le Roy de France (Jean II) partit de Calais, et tous ceux de son costé, qui partir s'en devoient : et se mit le Roy de France tout à pied, pour venir en Pelerinage à Nos-tre-Dame de Boulogne, et luy firent compagnie le Prince de Galles et ses deux enfans, c'est à sçavoir Messire Lion-nel, et Messire Aimon, et ainsi vinrent tous à pied devant disner jusques à Boulogne, où ils furent reçus à grand joye : et là estoit le Duc de Normandie qui les attendoit, si vinrent les dessus dits Seigneurs tous à pied en l'Eglise de Nostre-Dame de Boulogne, et firent leurs offrandes moult devotement. Puis tournoyerent par l'Abbaye de Leans, qui estoit appareillée, pour le Roy recevoir, et les enfans d'Angleterre. »

A l'appui de ce que le chanoine Leroy avance ci-dessus, page 45, nous renvoyons nos lecteurs à la page 267 de l'histoire de Notre-Dame, par Leroy, où ils trouveront un *extrait des Registres de la Chambre des Comptes de Paris*, joint aux preuves de cette histoire.

On nous pardonnera de nous étendre si lon-guement sur ce numéro, si nous rappelons au lecteur que, selon l'opinion de M. Haffreingue, opinion basée d'ailleurs sur l'histoire, si nous rappelons dis-je, que l'autel du grand caveau est celui-là même qui fut bâti par Charles V, et consacré par Jean de Craon, archevêque de Reims. Que serait-ce aujourd'hui que la crypte, sans ce monarque, qui, trouvant l'Église où repo-tait la sainte Image, *humide, malsaine et en très-mauvais état*, y fit construire une Chapelle avec la munificence d'un roi ? Nous ne pouvons que

4.

craindre de passer trop légèrement sur ce numéro ; nous renverrons donc à un troisième extrait non moins intéressant que les précédents ; cet extrait est relatif au Péage de Nempont (voir ci-dessus, page 46) et, pris dans les Registres de la mesme Chambre des Comptes de Paris ; il se lit page 272 et suivantes de l'ouvrage déjà cité.

13. A droite, sur le plan qui fait l'angle avec celui où sont Jean duc de Berry et Charles le Sage : JEAN DE CRAON, archevêque de Reims, contemporain de Charles V.—Costume de cérémonie, il tient la crosse en main.

Entre le numéro 12 et le numéro 13, est, à fleur de sol, la base d'une petite colonne évidemment du même diamètre que celle dont nous avons dit un mot, entre Philippe Hurepel et Mahault, et à laquelle elle correspondait, autant qu'on peut le conjecturer. Cette base est aussi taillée à huit pans, et si on enlève la terre qui la couvre, on peut encore y voir quelques traits de peinture bien accusés.

Vis-à-vis Jean de Craon, s'élevait un pan de mur isolé, très-dur et de forme circulaire, détruit depuis peu. Le sable couvre encore un reste de maçonnerie fort compacte et probablement du XVIe siècle.

14. Presqu'en regard du numéro 13, et près de la porte du caveau où sont deux familles de

la Maison de Boulogne : CHARLES VII, le victo-rieux, né à Paris le 22 janvier 1403, roi de France en 1422, mort le 22 juillet 1483.—Cos-tume de voyageur, il va partir pour l'Italie.

« Charles VII, marchant sur les traces des Rois ses pre-décesseurs, rendit aussi à l'Image de Nostre-Dame de Bou-logne les temoignages de son respect et de sa veneration, il luy consacra une grande Image de vermeil doré, qui avoit sur la teste une Couronne enrichie de perles et de pierreries, et qui tenoit une relique en sa main. Cette Image estoit posée sur un pied d'estal d'argent à six pans, sur l'un des-quels estoient gravées les Armes du Dauphin de France. »

Ant. Leroy. Livre I. Chap. VI.

15. Jean le Meingre de BOUCICAULT, maréchal de France, comte de Beaufort et vicomte de Turenne, né à Tours en 1364, mort en Angleterre en 1421.

« Sous le Regne de Charles VI, le Maréchal de Bouci-cault, un des plus braves hommes de son temps, fit pré-sent d'un fermail d'or, en forme de sautoir, au milieu du-quel estoit un Elephant portant un Chasteau, le tout enri-chy de perles et de pierreries. Les vieux Inventaires, qui font note de ce don, ne nous marquent point quelle en fut l'occasion, ou le motif; mais il est à croire, que ce fut en reconnoissance de quelque victoire remportée dans ces tournois, ou ces combats d'honneur qui estoient si fréquents de son temps, et où nous lisons qu'il s'est signalé (1), avec

---

(1) Hist. de la vie de Jean de Boucicault, maréchal de France, mise au jour par Théod. Godefroy.

Renaud de Roye son second , contre des Seigneurs de la première noblesse d'Angleterre. Les communes de Saint Inglevert , qui font la separation du Gouvernement de Calais , alors sous la domination Angloise , d'avec le territoire de Boulogne , estoient le rendez-vous ordinaire de ces joûtes et de ces parties d'honneur ; et c'estoit la coûtume des victorieux , de venir ensuite à Nostre-Dame de Boulogne , arborer par reconnoissance , les trophées de leur victoire. »

Ant. Leroy. Liv. I. chap. VII.

16.—LOUIS XI, né en 1423 , roi de France en 1461 , mort en 1483.—Costume populaire comme ses goûts.

« Dès que Louis fut entré dans Boulogne (dont il venoit de s'emparer après la mort de Charles le Hardy Duc de Bourgogne), il appliqua ses premiers soins à remercier Dieu de ce qu'il avoit beni ses armes, non-seulement dans cette dernière occasion, mais encore en de plus importantes. Ce religieux Prince luy attribuoit toutes ses victoires, et il croyoit fermement (comme il l'avouë dans une Lettre patente donnée à Montargis) les avoir obtenuës de sa divine bonté , par l'intercession de la tres-Sainte Vierge , et du glorieux Saint Martin. C'est pourquoy il ordonna qu'on diroit tous les jours à perpetuité deux Messes , l'une en l'honneur de cette Vierge devant son Image dans son Eglise et Abbaye de Boulogne ; (1) l'autre à l'honneur de ce Saint dans l'Eglise Paroissiale de son nom, qui estoit hors des murs de la Ville, et qui dependoit de cette Ab-

---

(1) C'est presentement dans l'Eglise de N. Dame , que cette Messe de Saint-Martin s'acquitte chaque jour , conformément aux Lettres de Sa Majesté données à Paris le 20. Janvier 1666.

baye. Il fonda, outre cela, cinq Messes hautes aux cinq
Festes de la Sainte Vierge, et deux autres aux deux Festes
que l'Eglise celebre tous les ans en l'honneur de Saint Martin. Ces fondations estoient grandes et la dot en fut aussi
tres-considerable. Car il ceda à cet effet, et amortit au profit
des Abbé et Religieux de Nostre-Dame, la Terre et Chas-
tellenie de Brunemberg avec toutes ses dépendances¦, dont
Renault de Gireme Chevalier et Chambellan du Roy avoit
alors l'usufruit. Depuis la partition des biens de l'Abbaye,
ce domaine a fait une partie de celuy des Evesques de
Boulogne, et leur sert encore aujourd'hui de Chasteau et de
Maison Champêtre.

" Ce ne fut qu'en 1479. que se fit cette belle donation,
le Roy estant pour lors à Montargis, quoy que les fondations eussent esté disposées dès sa première entrée dans
Boulogne, qui fut en Avril 1477. et que les Messes eussent esté depuis ce temps-là très-fidelement acquitées.

» Mais ce qui se passa en 1478. dans le second voyage
que ce grand Roy fit à Boulogne, est d'une autre consideration. Et effectivement il ne se peut rien voir de plus
genereux, ny qui marque davantage la haute estime et la
tendre affection de Loüis pour Nostre-Dame de Boulogne,
que l'hommage solemnel qu'il luy fit de ce comté (1). C'est
peut-estre le plus bel endroit de la vie de ce Prince, et
je ne m'étonne pas, que nos Ecrivains François en ayent
fait aussi un des plus beaux endroits de leurs histoires.

. . . .

« Loüis XI, devenu de fait et de droit Seigneur d'Artois

---

(1) Du Tillet en l'Inventaire de la branche de Boulogne; Ni-
colle Gilles, et François de Belle-Forest en leurs Annales de
France.—P. Matthieu en l'hist. de Loüis XI.—Locrius in Maria
Augusta. lib. 2. cap. 7.—Gallia Christiana Sammarthanorum in
Episc. Bolon.

et du Boulonnais tout ensemble, fit une derniere distrac-
tion du droit d'hommage, et s'en depoüilla luy-mesme, pour
en revêtir la Sainte Vierge. Il proteste dans ses Lettres (1)
d'echange de la Seigneurie de Lauragais avec le Comté de
Boulogne, qu'il n'a eü de passion d'acquerir ce Comté qu'à
cause principalement de la devotion à la tres-glorieuse
Vierge Marie Nostre-Dame Mere de Dieu devotement
adorée et servie audit lieu, par l'assistance de laquelle
il avoit heureusement recouvré ce païs. C'est pour cela, qu'y estant venu l'année suivante, pour en prendre
possession à nouveau titre, il en référa tout l'honneur à
cette incomparable Vierge, et luy consacra le principal fruit de son acquisition. Il estoit Seigneur direct du
Boulenois, mais par le mouvement d'une pieté également
spirituelle et genereuse, il se devêtit de cette qualité pour
ne plus en prendre d'autre à l'avenir que celle de Vassal
et de feudataire de Nostre-Dame de Boulogne. Il entra
donc en cette qualité dans son Eglise; il se presenta devant
l'Image miraculeuse, à genoux, nüe teste, n'ayant ny bau-
drier ny esperons, et dans cette posture, il fit l'hommage
du Comté de Boulogne à la Vierge Titulaire de ce païs, entre
les mains de l'Abbé et des Religieux, et en presence de
toute sa Cour. Et pour droit de relief, il presenta un cœur
d'or du poids de treize marcs, depuis appretiés à deux
mille écus, voulant que tous ses successeurs Rois de France
et Comtes de Boulogne, fissent le mesme hommage à la
Sainte Vierge, et payassent à chaque changement d'hom-
me un Cœur d'or fin de mesme poids et valeur, pour estre
employé au bien et entretenement de son Eglise. C'estoit
faire connoistre à tous ceux qui aborderoient désormais

---

(1) Ces Lettres sont dattées du Parcq du Plessis lès Tours, en
Janvier 1477. et enregistrées au Parlement et en la Chambre
des Comptes. L. 7 et 11. Decemb, 1479.

en cette Place, qui est une des portes de France, que ce Royaume est acquis à Marie d'une façon toute particuliere, et qu'elle possede les cœurs de tous les sujets dans celuy du Prince qui en est le centre : c'estoit hautement la declarer Dame souveraine d'un païs qu'elle avoit elle-même choisi pour y faire profusion de ses plus grandes faveurs ; c'estoit enfin luy mettre sur la teste un des fleurons de cette premiere Couronne du monde, qui ne reconnoist au-dessus de soy aucune domination spirituelle. Aussi estoit-il bien raisonnable (disoit (1) un grand Oracle du Parlement de Paris.) qu'une Ville que sa situation rendoit un des boulevards de la France, comme elle l'avoit esté des Gaules sous l'Empire Romain, fust tellement unie au Royaume, qu'elle ne relevast plus d'ailleurs, que d'où son auguste Couronne releve. Les Lettres en forme de Chartes que Loüis XI. fit expedier ensuite de cette grande action, sont des preuves authentiques et de la pieté de ce Roy envers Nostre-Dame, et de la grande reputation où estoit alors son Image.

Ant. Leroy. liv. 1. chap. XI.

Ces lettres sont citées fort au long par l'auteur, page 105 et suivantes. Elle sont datées de l'an 1478.

« Tous les Historiens (2) qui font mention du Pelerinage de Boulogne, cette Ville favorisée de Dieu, comme ils

---

(1) Monsieur de la Guesle, Procureur General sous Henry IV. dans son Traité du Comté de Saint Paul. p. 118.

(2) Loüis Brezin Chron. de Fland. et Artois.—Berfacius de rebus gestis Comit. Artesiæ.

l'appellent (1), nous en parlent comme d'une devotion tres-fameuse, à cause du grand nombre de miracles qui s'y faisoient continuellement.

. . . .

« Entre autres authoritez, je citerai celles de deux de nos plus grands Rois, et des plus insignes Bienfaicteurs de l'Eglise de Boulogne, je veux dire Charles V. et Louis XI. Le premier dans les Lettres Patentes données en Octobre 1260., dit en termes exprès qu'il n'y a point d'Eglise en France, où il se fasse plus de miracles, à la gloire de la Sainte Vierge, que dans celle de Boulogne : et il ajoute, que s'estant diligemment enquis de la maniere dont le Service divin se faisoit dans cette Eglise, et qu'ayant remarqué qu'il n'y avoit point encore d'Autel érigé dans la Chapelle, ou reposoit l'Image de cette Vierge, et où il se faisoit tous les jours d'innombrables miracles, il avoit crû devoir en dotter un, pour y celebrer la Messe à perpetuité, jugeant très-raisonnable de laisser des marques d'une liberalité Royale, dans un lieu où paroissoient tous les jours tant et de si beaux témoignages de la Puissance Divine : *ut locus in quo tot et tanta miracula fiebant ad laudem Virginis gloriosæ, regali magnificentiâ dotaretur.* Loüis XI, s'est expliqué depuis sur le même sujet, en des termes aussi clairs et aussi forts : voicy comme il parle dans ses Lettres Patentes du mois d'Avril 1479. données à Hesdin, par lesquelles il transporta l'hommage du Comté de Boulogne à la Sainte Vierge : *Pour la grande et singuliere devotion que nous avons à la glorieuse Vierge Mere de nostre Createur, et à*

---

(1) Plusieurs Villes ont leurs Epithetes d'honneur, qui les rendent remarquables ; on appelle Beauvais la Vaillante, Abbeville la Fidelle, Montreüil la bien placée, Boulogne de Dieu favorisée, Calais la bien gardée. Hist. Eccles. d'Abbeville. liv. I. ch. 17.

son Eglise Collegiale fondée en ladite Ville de Boulogne,
en laquelle, par l'intercession de ladite Dame, se font châ-
cun jour de beaux et grands miracles : ce qu'il repeta dans
ses autres Lettres du Parc du Plessis lès Tours, données en
janvier 1479, et où il dit, qu'il se fait tous les jours dans le
mesme lieu, et par la mesme intercession, DE BEAUX,
GRANDS, ET EVIDENS MIRACLES. •

Ant. Leroy. livre III. Chap. I.

Voir les preuves de l'hist. de N.-D. de Boulogne déjà citée : pages 281 et 282.

Près de Louis XI est un enfoncement peu
profond qui, d'après M. Haffreingue, deviendra peut-être l'entrée d'un caveau dont on ne
connaît pas encore la direction. Dans le fond,
à gauche, vous découvrez des peintures assez
nettes qui sans nul doute se continuent sur
toute la longueur de ce mur : voilà une preuve
incontestable de l'antiquité des tableaux, ogives, etc., que nous avons montrés comme réel-
lement antiques ; personne assurément n'a été
étendre ces couleurs depuis quelques jours au-
delà du mur où elles pénètrent, à moins de sup-
poser une supercherie peu loyale et d'ailleurs
impossible. C'est surtout ici que les draperies,
les ogives, et même les lignes blanches anté-
rieures aux unes et aux autres, sont empreintes
du caractère d'antiquité nécessaire pour témoigner de celle de la crypte. Le mur qui est encore à percer est un vieux fondement en tout
pareil à d'autres quartiers de vieux murs retrou-

vés çà et là dans les souterrains ; son existence se joint comme preuve à ce que dit l'histoire , savoir que la Cathédrale Notre-Dame fut détruite et rebâtie plusieurs fois. (1)

Il ne s'est pas écoulé quinze jours entre celui où M. Haffreingue a fait dégager l'encadrement à gauche et celui où nous écrivons cette notice (3 juillet 1844). Depuis lors, ce tableau n'a plus ce coloris si frais, cet éclat si vif dont il brillait encore ; l'influence de l'air humide qui règne dans cet endroit en est sans doute la cause. On y distingue à peine , sur un fond rouge , un vêtement et une couronne que le personnage tiendrait en main ; le mur à droite est neuf, ainsi que nous l'avons dit plus haut. Le dôme de la nouvelle Eglise est assis en partie sur le vieux mur à percer : aussi hésitera-t-on avant de se mettre à l'œuvre.

17. ARMES DE FRANCE au XIVme siècle , sous Charles V. Fleurs de Lys.— D'après une médaille de l'époque. Au bas de ce tableau : nuances vagues , où cependant se dessine assez bien une large robe.

---

(1) Ce mur est devenu aujourd'hui aussi dur que le roc ; nous pouvons témoigner qu'un ouvrier a travaillé à force de bras pendant toute une journée pour parvenir à enlever les quelques pierres qui mettent à découvert une partie de l'encadrement à gauche.

18. ARMES D'ANGLETERRE au XIVe siècle, sous Edouard II. Trois léopards. La partie inférieure de ce tableau est encore couverte de couleurs où , comme au numéro 17, on croit reconnaître une robe traînante. (1)

19. Sur le mur en regard des armes de France et d'Angleterre , vers l'angle de ce mur : LOUIS DE MASLE ou de Mâlain , comte de Flandre et d'Artois , né le 25 novembre 1330 , mort en janvier 1384.—Sa tenue est simple , son maintien sévère.

« L'an 1383. Loüis III du nom , dit de Masle , Comte de Flandres et d'Artois , pour marque de son affection envers Nostre-Dame de Boulogne , donna à son Eglise un riche drap d'or , pour servir aux Festes de cette Vierge et aux autres jours solemnels , et obligea Simon de Granetot pour lors Abbé , et ses successeurs de ne le jamais aliener , ainsi qu'il paroist par un Titre de la Chambre des Comptes de Lille , qui m'a esté envoyé , avec plusieurs autres Extraits , par Monsieur Godefroy Historiographe du Roy et Directeur des Archives de cette Chambre. Froissard (2) parlant de la guerre , ou plûtost de la revolte des Gantois contre ce Comte , laquelle commença en 1379. et ne finit que sept ans après , nous fait connoistre que le Pelerinage de Bou-

(1) Il n'est pas inutile de faire observer que , sur toute la longueur de ce mur , les ogives sur lesquelles reposent les tableaux étaient parfaitement conservées et que les peintres , par une méprise innocente sans doute mais qui a coûté cher à M. Haffreingue , les ont couvertes d'une couche de peinture neuve.

(2) Vol. 2. Chap. 30.

logne estoit pour lors en estime parmi les Flamands , lorsqu'il raconte l'histoire d'une femme de la Ville de Gand , qui revenoit du Pelerinage de Nostre-Dame de Boulogne , et qui en presence d'un grand nombre de peuples assemblez sur la place fit recit de ce qu'elle avoit veu sur son chemin. »

Ant. Leroy. liv. I. chap. VIII.

Voir une lettre relative à ce qui précède , page 278 , dans l'histoire du chanoine Leroy.

20. TALBOT , qui vivait vers la fin du XIVe siècle. Costume de chevalier; masque de fer, etc.

Entre ceux de la Nation Anglaise qui laisserent dans l'Eglise de Nostre-Dame de Boulogne des marques effectives de leur devotion , les plus signalez sont le Comte Talbot , qui donna à l'Image une Robbe de toile d'or parsemée de testes de lyon d'or en relief , avec ses Armes en broderie, de gueulles au lyon aussi d'or ; le Comte de Wvarvich , ce fameux gouverneur de Calais, qui offrit une belle Image de la Sainte Vierge , faite de vermeil doré , tenant le Demon sous ses pieds ; le Comte d'Escalles , frere d'Elizabeth femme d'Edouard quatrième , qui consaera à la decoration de la Chapelle de Nostre-Dame , un petit Tableau d'or massif à quatre manteaux; il y a apparence que ce fut en 1475. qu'il fit ce present, quand le Roy son beau-frere estant debarqué à Calais , (1) vint avec l'elite de la noblesse en la Ville de Boulogne , accompagné de Charles Duc de Bourgogne , qui l'estoit venu joindre à la descente du vaisseau. »

Ant. Leroy. Liv. I. chap. VIII.

---

(1) Mémoires de Ph. de Commines. liv. 4. C. 6.

21. CHARLES VIII, l'Affable, né à Amboise le 30 juin 1479, roi de France en 1483, mort en 1498.—Costume ordinaire.

« Outre les Vœux des sujets, la Sainte Vierge receut aussi ceux des Rois et des Testes Couronnées. Charles VIII. Loüis XII. et François I. qui parvinrent successivement à la Couronne, après Loüis XI. releverent, comme luy, de celle qu'il avoit établie la Dame souveraine du Boulenois, en luy payant chacun leur hommage d'un Cœur d'or de treize marcs. »

Ant. Leroy. liv. 1. chap. XII.

Une partie du mur où sont les portraits de Jean, duc de Berry, etc., Jean de Craon, Louis de Masle, etc., soutient un pilier de la nouvelle église, et date de 1829.

22. Près des armes d'Angleterre : MARIE D'ANGLETERRE, reine de France, fille de Henri VII, sœur de Henri VIII, rois d'Angleterre, morte en Angleterre le 23 juin 1534, âgée de 37 ans.—Costume ordinaire.

« L'an 1514. les habitans de Boulogne virent une autre Majesté prosternée aux pieds des Autels de leur auguste Patrone; ce fut Marie d'Angleterre sœur de Henry VIII. pour lors promise en mariage au Roy Loüis XII. Cette Princesse (1) accompagnée de plusieurs personnes de la premiere Noblesse d'Angleterre, debarqua au mois d'Octobre,

_____

(1) Hist. de la Maison de France par Messieurs de Sainte Marthe. liv. 2. c. 9.

au Port de cette Ville, où elle fut receuë par François, pour
lors duc de Valois, et depuis Roy de France, suivi des
Ducs d'Alençon et de Bourbon, et des Comtes de Ven-
dôme, de S. Pol et de Guise ; et la premiere chose qu'elle
fit, fut d'aller droit à l'Eglise, pour y offrir ses prieres à *Jesus-
Christ*, devant l'Image de sa Sainte Mere. Elle y fut conduite
par les Abbez de Nostre-Dame, et de Saint Vvulmer, qui
estoient venus au devant d'elle en ceremonie, l'un luy ayant
presenté à baiser le Reliquaire du laict de la Sainte Vierge,
et l'autre le Chef de S. Vvulmer richement enchassé. Après
que la Princesse eut achevé ses prieres, elle fut quelque
temps agreablement occupée à admirer tous les riches pre-
sents, et toutes les Offrandes Royales qui faisoient le principal ornement de l'Eglise. Son admiration ne fut pas ste-
rile, puisqu'elle laissa dans cet auguste Sanctuaire, pour
marque effective de sa pieté, un bras d'argent, émaillé des
Armes de France et d'Angleterre, pesant huit marcs. »

Ant. Leroy. liv. 1. chap. XII.

23. Ce tableau se trouve à gauche de la fausse
galerie qui le sépare du précédent : LOUIS XII,
né à Blois en 1442, roi de France en 1498, mort
en 1515.—Il est paré du manteau royal.

Pour l'historique, voir Charles VIII, page 61.

24. CLAUDE DE FRANCE, fille du roi Louis
XII et d'Anne de Bretagne, née à Romorantin
le 13 octobre 1499, épouse de François Ier,
en 1506, morte au château de Blois le 20 juillet 1524.—Elle est assise ; sa parure et ses orne-
mens sont riches et distingués.

« Peu de temps après (Marie d'Angleterre) la Reine

Claude, fille aînée et heritiere d'Anne de Bretagne, et de Loüis XII. et épouse de François I. y fit un autre present, qui consistoit en une Robbe de drap d'or, et un manteau de mesme, pour servir à l'Image de Nostre-Dame, avec une semblable Robbe pour l'Enfant *Jesus.* •

Ant. Leroy. liv. 1. *chap, XII.*

25· FRANÇOIS I, père et restaurateur des lettres, fils de Charles d'Orléans, comte d'Angoulême, né le 12 septembre 1494, roi de France en 1515, mort à Rambouillet le 31 mars 1547.—Costume habituel et authentique.

Pour l'historique, voir encore Charles VIII, page 61.

Vis-à-vis Claude de France est un enfoncement (1) où se passe une scène qui, pour l'ordre chronologique, aurait déjà dû trouver sa place, mais cette place manquait.—Tous ces personnages sont ceux qui assistèrent au mariage d'Edouard II, roi d'Angleterre avec Isabelle de France, fille de Philippe IV le Bel, roi de France. De gauche à droite :

1. Comte de ***.
2. Duc de FLANDRE.
3. Duc de BOURGOGNE.
4. Comte de DREUX, prince du sang.
5. Comte de VALOIS, frère du roi.
6. Comte de POITOU, frère du roi.

---

(1) Cette partie du mur n'est pas neuve comme le reste.

7. CHARLES , roi de Sicile.

8. Reine de Navarre.

9. HENRI VIII DE LUXEMBOURG , Empereur d'Allemagne , et roi des Romains.

10. MARGUERITE , sœur de Philippe-le-Bel , épouse d'Edouard I , reine d'Angleterre.

11. EDOUARD II , roi d'Angleterre : il donne la main à Isabelle.

12. ISABELLE DE FRANCE , fille de Philippe-le-Bel.

13. PHILIPPE IV , LE BEL , roi de France.

14. Reine de France.

15. LOUIS HUTIN , roi de Navarre.

16. Comte de LA MARCHE , fils du roi.

17. Comte d'EVREUX , frère du roi.

18. Comte de CLERMONT , prince du sang.

19. Duc de HAINAUT.

20. Duc de BRABANT.

21. Duc de ***.

« Le mariage d'Isabelle de France , fille de Philippe-le-Bel IV. du nom , avec Edouard II (1) , roy d'Angleterre , estant arresté , l'Eglise de Nostre-Dame de Boulogne fut choisie d'un commun accord pour estre le theatre de cette auguste ceremonie. Jamais mariage ne fut celebré d'une maniere plus pompeuse ; et jamais Eglise ne se vit remplie à la fois de tant de Rois et de Princes. Il suffit de dire que les Epousailles se firent en presence de quatre Rois et de trois Reynes (2) , et que quatorze fils de Rois ou Princes

---

(1) Meyer. livre II. Thomas de Vvalsingham ad an. 1308.

(2) Entre les principaux assistans , Philippes-le-Bel, Roy de France , Henry Roy d'Allemagne et des Romains , Charles Roy de Sicile , Loüis Hutin Roy de Navarre , avec les Comtes de Poitou et de la Marche , fils du Roy ; les Comtes de Valois et

du sang de France , s'y trouverent aussi avec un grand nombre de Prelats , et un merveilleux concours des principaux
Seigneurs et Officiers de l'une et l'autre couronne. L'on
ne vit jamais plus de richesses assemblées , plus de magnificence et de profusion Royale qu'il en parut en cette feste ;
elle commença le 22. janvier 1308. et dura six jours entiers,
pendant lesquels plusieurs de cette illustre compagnie firent
des presens et des offrandes à Nostre-Dame de Boulogne.
Comme Philippe le Bel y tenoit le premier rang ; il fut aussi
le premier à y faire paroistre sa magnificence, il ne se contenta pas d'offrir un beau reliquaire de vermeil doré , où
d'un costé estoit un Crucifix , et de l'autre, un beau Cris-
tal , contenant quelques parcelles de la vraye Croix , enchassé dans un émail d'or ; le tout enrichy des armes de
France et de Navarre : Mais encore pour accroitre la splen-
deur du culte divin , dans cette Eglise, il en augmenta les
revenus, en lui faisant don de plusieurs rentes et portions de
terres infeodées JUQUES A L'ESTIMATION DE NEUF-VINGTS
LIVRÉES, qu'il avoit acquises de Mathieu de Varannes Chevalier, et qui estoient situées dans le Comté de Guisnes et
à S. Omerglise, à present vieille Eglise, dans le Païs reconquis. Ces acquisitions relevoient de Mahault Comtesse
d'Artois et de Bourgogne , et il en falloit avoir des Lettres
d'amortissement. Le Roy les demanda luy-mesme , en faveur de la Comtesse , si elle venoit à en acquerir dans ses
fiefs et arriere-fiefs. Cette Eglise en a toujours joüy paisi-
blement , jusques à ce que le Comté de Guisnes , ainsi que
tout le Païs reconquis, est tombé entre les mains des Anglais , qui en sont demeurez les maistres des siecles entiers.

---

d'Evreux freres du Roy, de Clermont, de Dreux, etc. Princes du
sang ; les Ducs de Bourgogne , de Flandres, de Brabant, de
Hainaut, etc. les Reines de France , d'Angleterre et de Navarre
etc.—Ancienne chronique de Fland. mise au jour par D. Sau-
vage, Ch. 51.

5.

Par cette longue et injuste domination, qui luy a causé aussi bien qu'à l'Eglise de Theroüenne plusieurs pertes considerables, elle s'est veuë entierement dépoüillée des bienfaits de ce genereux Monarque. Les autres personnes de la Famille Royale, qui furent aussi de ce voyage, ne conceurent pas moins de devotion que luy, envers la sainte Image, dont ils donnerent en suite des preuves évidentes. Philippes-le-long, Charles le Bel, et Philippes de Valois, qui luy succederent tous trois les uns après les autres, firent éclater la leur envers Nostre-Dame de Boulogne sur Seine, dont ils embrasserent mesme la confrerie. Et pour la Reine de Navarre femme de Loüis Hutin, qui tint aussi compagnie en ce voyage à la future (1) Reine d'Angleterre sa belle sœur, elle s'acquitta de son vœu, devant l'Image mesme de Nostre-Dame de Boulogne, par un beau Chef d'argent couronné à la façon de Reine, qu'elle y laissa. »

Ant. Leroy. liv. I. Chap. VI.

« Edouard II débarqua le 24 janvier 1308 à Boulogne, où il trouva Philippe-le-Bel, roi de France. Il fit hommage pour la Guyenne et pour le Ponthieu, et le jour suivant il se maria en présence de quatre rois et de quatre reines, à Isabelle, fille du monarque français, qui passait pour la plus belle femme de l'Europe. Quelques jours se passerent en fêtes et en réjouissances »

Doct. Lingard. hist. d'Anglet. vol. 3.

La main droite de François I (n° 24) nous montre une galerie qui, avec celle dont elle est

---

(1) Cette mesme Reine Isabelle passant d'Angleterre en France avec le jeune Edoüard III son fils, fut receuë magnifiquement à Boulogne par l'Abbé de Nostre-Dame et logée dans l'Abbaye, où elle sejourna deux jours.—Froissard, vol. 1, chap. 6.

le prolongement, coupe à angle droit le passage
où nous sommes en ce moment. Cette galerie
aboutit directement aux plombs destinés à dis-
tribuer l'eau dans un quartier de la haute-ville.
M. Haffreingue y a fait mettre par ordre quelques pierres antiques qui présentent aux connaisseurs un nouveau genre d'intérêt.

La première de ces pierres , sculptée dans le
goût du XVIᵉ siècle, avec une délicatesse dont
nous laisserons apprécier le mérite aux archéologues, servait comme de couronne à un grand
bénitier détruit en 1796; les restes en furent
trouvés il y a quelques années dans un jardin
appartenant encore aujourd'hui à M. Vasseur,
(Enclos de l'Evêché) près de l'ancien portail
nord de l'église.

La seconde pierre, voisine de la précédente,
était le bassin même du bénitier. On y voit une
tête assez bien caractérisée. Cette pierre était
distante de la première d'environ 1 mètre 50
centimètres.

Vient ensuite à quelque distance une autre
pierre sur laquelle est gravée une inscription
que personne n'a encore pu déchiffrer. Plusieurs
savans l'ont essayé, mais en vain.

Un peu plus loin sont encore trois autres
pierres de forme ogivale, terminées à leur extrémité supérieure par un chou sculpté avec goût et
délicatement détaché du tronc. Ces ogives ont
été trouvées dans l'intérieur d'un vieux mur voi-

sin de la rue de Lille, et détruit depuis peu par M. Haffreingue.—Le reste est moins important et peut être examiné sans le secours de notre notice.

Au jour que nous traçons ces quelques lignes, la galerie où l'on a déposé provisoirement les antiquités que nous venons de décrire , n'est pas encore décorée comme elle le sera plus tard. L'avis d'un archéologue allemand fort distingué , M. Fisher , a fait interrompre les travaux de ce côté. Selon lui , il est à croire que ce corridor correspondra probablement à un emplacement spacieux et carré , situé derrière et dans le prolongement de la grande crypte. On trouvera-là, dit-il , le lieu où les Catéchumènes assistaient autrefois aux offices , et avec cet emplacement viendra sans doute communiquer une autre galerie en tout pareille à celle dont François Ier garde l'entrée ; puis cette autre galerie aboutira au tableau actuel de la Résurrection. Enfin il ajoute qu'il ne faudrait pas tant s'étonner si plus tard on parvenait à établir entre ce dernier passage et le caveau de l'ancien testament une communication directe en rapport avec le nouveau testament.—Effectivement, M. Haffreingue a presque constaté l'existence de murs très épais à une certaine distance de ceux qui sont déjà connus dans cette région. Espérons donc de voir, l'été prochain, la crypte Notre-Dame aggrandie d'un tiers au moins ; espérons de voir un supplément ajouté à l'histoire de la Religion ; et de plus, une longue suite de tableaux où figureront les Evêques de Boulogne, etc.

Hors de là, avant de rentrer dans le grand caveau, nous trouvons à gauche un vieux gond rouillé, attestant qu'une porte située en cet endroit correspondait à la porte dont nous avons dit un mot en quittant le petit caveau de la Résurrection.

———

Nous avons déjà dit que cette Eglise, aujourd'hui appelée du nom de *Crypte*, ne fut pas toujours Eglise souterraine ; à ce sujet on nous a demandé : pourquoi le pied des murs est-il plus bas que le niveau de la rue ? nous répondrons : il est vrai que le niveau de la crypte est de 90 centimètres plus bas que celui de la chaussée du Parvis Notre-Dame, et plus bas que la rue de Lille de deux mètres ; mais aussi n'est-il pas vrai que les fondemens d'un édifice s'affaissent chaque jour, et qu'en outre chaque fois qu'on repave une ville on en exhausse le sol de plus d'un décimètre ? et combien de fois cela arrive-t-il dans un siècle ?—D'ailleurs, pourquoi maintenant descendez-vous quelques degrés pour gagner l'intérieur de la cathédrale de Marseille, où vous ne pouviez autrefois pénétrer qu'en montant, au contraire, quelques marches ? N'en est-il pas de même à Paris, à Notre-Dame ? à Rome, dans plusieurs Eglises ?

A quelle époque fut détruite cette première Eglise ?—Nous faisons remonter l'époque de cette destruction au 16ᵉ sièele.

Nous lisons dans un auteur que nous avons déjà cité :

« L'an 1544. Henry VIII. se voyant maistre de la Ville de Boulogne après un siege de trois mois, abandonna l'Eglise de Nostre-Dame de Boulogne, ce Temple si au-guste, inviolable jusqu'alors, à la discretion d'une soldates-que insolente (1), qui satisfit son impiété et son avarice par le pillage d'un infinité de richesses, que l'on y conservoit depuis tant de siècles. »

. . . .

« Certes ce fut le comble de l'affliction pour le peuple de Boulogne, de voir enlever une Image, qui avoit esté de tout temps l'objet de sa plus tendre devotion, et le gage le plus asseuré de la protection du Ciel : mais ce ne fut pas encore assez pour contenter l'impieté des Anglois. Comme s'ils eussent eu dessein d'abolir pour jamais la memoire d'une devotion si ancienne, ils renverserent de fonds en comble la Chapelle, où s'estoient faits tant de Pelerinages, et où s'estoient operez tant de miracles ; et ils éleverent sur ses ruïnes une espèce de boulevard (2), tandis que le reste de l'Eglise leur servoit d'Arsenal : Changeant ainsi EN MAGAZIN DE VULCAN ET SANGUINAIRE OFFICINE DE MARS (ce sont les termes d'un Autheur (3) de ce temps là) UN LIEU DE SI

(1) Arnold Ferron. 9.
(2) Ferron. ibid.
(3) Hist. de G. Paradin par luy mise en François. liv. 4. ch. 6.

GRAND ABORD, SAINTETÉ ET DEVOTION, ET CELEBRÉ PAR GRANDS ET MIRACULEUX PRODIGES EN TOUTE LA CHRESTIENTÉ. »

Ant. Leroy. liv. II. chap. II.

Depuis lors l'Eglise de Notre-Dame fut rebâtie et détruite par deux fois. Ce n'est que dans la seconde moitié du XVIe siècle que fut construite la riche cathédrale, renversée en 1796 par des furieux révoltés contre l'autel et le trône. Enfin une autre basilique, non moins belle, non moins majestueuse, s'élève sur tant de ruines. Nous l'espérons, c'est pour jamais que Boulogne voit se dresser au milieu de ses murs ce temple fameux consacré à son auguste patronne, à celle que ses marins invoquent joyeusement sous ce nom : *Patrona nostra singularis.* Sans doute le vandalisme qui s'abattit avec ses désastres sur notre pauvre France vers la fin du siècle dernier, ne viendra plus frapper de son marteau nos monumens et nos têtes ; il saura respecter les beaux-arts et leurs chefs-d'œuvre, et celui dont la pieuse main nous rend le sanctuaire révéré de nos pères aura la douce consolation de conduire à fin sa grande œuvre. Il la livrera pleine de vieux et chers souvenirs, pleine d'espérance, à la postérité : bien des générations béniront sa mémoire, et si les hommes l'oublient un jour sur terre, son souvenir vivra toujours au ciel.

EXPLICATION

DU PLAN DE LA CRYPTE.

———

La crypte, telle qu'elle est pour le moment, comprend trois parties bien distinctes.

LA PREMIÈRE PARTIE est figurée par A B C D E F G H Y 1 2. Sa hauteur moyenne est de 2 mètres 70 centimètres, jusqu'à la naissance des voûtes. Sa largeur est de 8 mètres 50 centimètres. Sa longueur moyenne (entre E et Y) est d'environ 9 mètres. Le corridor A G conduit à l'Eglise souterraine ; dans ses endroits les plus resserrés, ce corridor est large de 1 mètre 15 centimètres. — En B est *l'ancien testament* ; en C est l'entrée du *nouveau testament* ; en D, *Béthléem* ; en F, *Nazareth* ; 1 est le caveau de la *Passion* ; 2 est celui de la *Ste. Cène*. En Y est un mur plus nouveau où se voit le tableau de la *Résurrection*, dont nous avons déjà parlé page 11 ; Y deviendra donc plus tard l'entrée d'un souterrain encore inconnu.

LA DEUXIÈME PARTIE, représentée par G P L Q I K N W O X M H, est l'Eglise souterraine proprement dite. Elle a 10 mètres 30 centimètres de largeur sur une longueur de 12 mètres, prise sur les côtés N Q et M Q ; mais dans le milieu L O, elle est longue de 15 mètres ; sa hauteur, sous voute, est de quatre mètres. La base des huit colonnes du milieu a 75 centimètres de côté ; le diamètre de ces colonnes est de 51 centimètres, et leur hauteur, y compris le chapiteau, est de 2 mètres 50 centimètres ; elles correspondent à autant de demi colonnes enclavées dans les murs et soutenant la voute. Leur distance est, en longueur, de 3 mètres 20 centimètres. Entre N O et M O sont deux murs qui avancent jusqu'aux premières colonnes, c'est-à-dire jusqu'à 3 mètres (pris du fond de l'autel même), ils sont traversés chacun par une porte W et X large de 50 centimètres ; l'autel a 65 centimètres de profondeur, un mètre de largeur et 80 centimètres de hauteur. P et Q sont deux enfoncemens où sont deux vieilles niches. La région L opposée à l'autel se prolonge probablement plus loin : on s'en assurera plus tard. En P est *Clovis ;* en Q, *Clotilde ;* en M, *Clotaire II ;* en N, *Charlemagne.* Les quatres portes G I K H font communiquer la grande crypte avec les autres parties. Celles en K et en H sont moins larges que les deux autres en I et en G, de 20 centimètres. K et H ont pour largeur commune un mètre 10 centimètres. I et G au contraire ont un mètre 30 centimètres.

LA TROISIÈME PARTIE, I P Z V T S U K R,
ressemble assez à la première. La forme en est
aussi irrégulière. La longueur moyenne est de
9 mètres, et sa largeur de 7 mètres. Sa hauteur
varie de 3 mètres à 3 mètres 15 centimètres
jusqu'à la naissance des voûtes. L'enfoncement
T a 1 mètre de largeur : il se termine par
un vieux mur déjà décrit et que les peintures
indiquent s'étendre plus loin En R est le caveau des Comtes de Boulogne : il forme un
carré de 3 mètres 40 centim. de côté. En S et en
U, deux galeries décorées de sujets historiques ;
en V, une fausse galerie ; en Z, Mariage d'E-
douard II d'Angleterre avec Isabelle de France ;
en P, corridor où nous avons examiné une collection de pierres antiques.—Les mesures de
surface sont faciles à prendre sur la planche ci-
jointe.

4 *Juillet* 1844.

N. B. Un élève de l'institution Haffreingue,
qui, dans ses momens perdus, s'occupe de nu-
mismatique, possède une collection de médailles
romaines et gauloises ; plusieurs sont frappées à
l'effigie des empereurs : *Claude, Domitien,
Nerva, Trajan, Constantin* et autres, et ont
été trouvées, au printemps dernier, dans la
cour de récréation, parmi des terres apportées

de la cathédrale sur la terrasse de cette cour. Les uns prétendent que ces médailles proviennent d'un trou assez profond, creusé, au milieu de la cour même, dans une terre noire et pleine de fragmens de terre cuite travaillée avec un goût antique. Les autres avancent qu'elles se trouvaient d'abord sous la nef de la nouvelle Eglise. D'autres enfin soutiennent qu'il n'en est pas une seule qui n'ait été déterrée dans les décombres dont on a débarrassé la crypte, et dont on a jeté une partie assez considérable en cet endroit. Ce dernier avis nous paraît fort spécieux. Comme il s'est écoulé plusieurs mois depuis qu'on a terrassé la cour de récréation de l'institution Haffreingue, et que les médailles dont il est question n'ont été trouvées que depuis quelques jours, il nous serait difficile de décider laquelle de ces trois opinions est la plus probable, sur des données si peu claires. Seulement, suffit de savoir que, vers cette partie de la ville, exista sous l'empire Romain un fort bâti par une armée envoyée d'Italie en Bretagne.

Cette collection de médailles est classée dans la bibliothèque de la même institution, où l'on peut aussi consulter l'histoire de Notre-Dame, que nous avons citée tant de fois dans le cours de ce petit ouvrage. Dans cette histoire, continuée par M. P. Hédouin, nos lecteurs trouveront celle de la cathédrale qu'ils ont vu détruire en 1796.

www.ingramcontent.com/pod-product-compliance
Lightning Source LLC
LaVergne TN
LVHW021007090426
835512LV00009B/2125